COLLECT

Boileau-Narcejac

Les magiciennes

Denoël

— Elles étaient deux, fit Ludwig.

— Vous êtes sûr?

— Absolument sûr. Je les connaissais bien, puisqu'on a travaillé ensemble au Kursaal, à Hambourg.

Le commissaire étudiait Ludwig. Derrière lui, se tenait un inspecteur, un grand gaillard en imperméable, avec une curieuse cicatrice qui courait sur sa joue gauche, comme une fêlure. Et Ludwig ne pouvait détacher ses regards de cette cicatrice.

— Pourquoi n'êtes-vous pas venu nous raconter cela plus tôt? demanda l'inspecteur. Il y a plus d'un mois que l'affaire est classée.

— Je ne suis en France que depuis cinq jours, dit Ludwig. Je suis jongleur, chez Amar. Ce sont des camarades qui m'ont appris la mort de la petite... Annegret... J'ai été bouleversé.

— Je vous répète que l'affaire est classée, maugréa le commissaire... Avez-vous des faits nouveaux à nous apprendre?... Voulez-vous insinuer que cette jeune fille a été tuée?

Ludwig baissa les yeux, allongea les mains sur ses genoux.

— Je n'insinue rien, dit-il. Je voudrais simplement savoir laquelle des deux est morte. Et l'autre, qu'est-elle devenue? Pourquoi ne parle-t-on plus d'elle?... Comme si elle n'avait jamais existé.

5

Le commissaire appuya sur un timbre.

— *Vous êtes prêt à signer votre déposition? insista-t-il. Elles étaient deux?... Je veux bien vous croire, mais si on ouvre une nouvelle enquête...*

— *Drôle d'histoire!· murmura l'inspecteur.*

Drôle d'histoire, en effet! Elle avait commencé bien des années auparavant. Au début, ce n'était qu'une histoire de gosse. Mais ensuite...

I

C'était un cauchemar; pas un de ces cauchemars
horribles qui vous arrachent un cri, en pleine nuit,
dans le silence de la maison endormie; plutôt le cauchemar de quelqu'un qui s'éveille « ailleurs », qui est
semblable à un amnésique : qu'est-ce que c'est que
ce lit? qu'est-ce que c'est que cette fenêtre?... Et
moi?... Qui suis-je?... Pierre Doutre ouvrait les yeux :
devant lui, il y avait une jeune femme qui rêvait, la
tête renversée sur le dossier de son fauteuil; à droite,
deux hommes blonds, au teint rose, qui se parlaient à
l'oreille et riaient sans bruit; à gauche, la vitre, le
vide, l'espace peuplé de formes molles, de fumées
livides. Doutre refermait les yeux, cherchait une nouvelle position, plus propice au sommeil, mais ses mains
ne voulaient pas dormir; ses pieds s'agitaient; ses
épaules lui faisaient mal. Il essayait d'imaginer la ville,
là-bas, cachée dans son brouillard... son père agoni-
sant. Le professeur Alberto! Ah! la douleur aiguë,
au fond de lui-même, le trait brûlant comme un coup
de rasoir. Oui, c'était bien un cauchemar qui n'en
finissait plus. Il avait commencé à Versailles, dans
le parloir des Jésuites, autrefois, des années et des
années auparavant. Doutre se revoyait, tout gosse,
assis sur une chaise, son béret sur ses genoux, tandis

que son père discutait, à voix basse, avec un religieux. Et puis, un autre prêtre était venu, lui avait pris la main. Des escaliers, des couloirs, un petit lit, l'armoire minuscule où son linge était rangé ; tout ce qu'il possédait portait désormais le numéro 4. Pendant douze ans, il avait été le numéro 4. Douze ans pensionnaire ! Cela représentait une vertigineuse quantité de jours, un morne abîme d'images toutes semblables, qu'il aurait tellement voulu oublier ! Malheureux ? Non. Il n'avait jamais manqué de rien. Tout le monde s'occupait de lui. Les religieux l'aimaient bien, à leur manière. On savait que le petit Doutre n'était pas comme les autres... Doutre regarda la nuit, écouta le grondement régulier des moteurs. Il s'éloignait de la France à toute vitesse. Il flottait, entre le passé et l'avenir. Il était capable, soudain, d'embrasser toute sa vie d'un coup d'œil, et il voyait le petit Doutre, là-bas, tout en bas, comme on dit que Dieu voit les hommes. Drôle de garçon, gauche, maigre, timide, distrait, dont personne ne connaissait la vie secrète, pas même son confesseur. Indifférent à tout, en apparence, et pourtant plein de bonne volonté. Exactement comme un automate bien réglé. Le premier à la chapelle, le premier en étude, le premier au réfectoire... Souvent, le supérieur l'interrogeait :

« Voyons, Doutre, qu'est-ce qui ne va pas ?... Pourquoi faites-vous exprès de ne pas travailler ?... Vous êtes aussi intelligent qu'un autre... Alors ?... Croyezvous que vos parents seront satisfaits quand ils recevront ce bulletin ? »

Mais le supérieur n'insistait pas, car les parents du petit Doutre n'étaient pas non plus comme les autres.

Les mains de Doutre étaient moites. Il toucha le hublot pour sentir sa fraîcheur et laissa sur la vitre une étoile de buée qui mit longtemps à s'effacer. Il se rappelait la scène. Il pouvait s'évader de cet avion lancé en pleine nuit, au-dessus d'un pays inconnu, et se transporter dans la cour de récréation. Tout cela vivait encore en lui, avec une intensité effrayante. Le surveillant distribuait le courrier :

— Pierre Doutre!

Un camarade avait pris la carte postale pour la lui donner. Mais, au passage, il l'avait regardée et s'était mis à rire.

— Hé! les gars!

Un peu plus tard, à cinq ou six, ils l'avaient bloqué dans un coin du préau.

— Fais voir cette carte.

Il était chétif. Il n'avait pas dix ans, alors. Il avait obéi et les copains avaient contemplé en silence. La carte représentait un homme en habit. De la main gauche, il tenait un chapeau haut de forme renversé et, de la droite, un jeu de cartes. Il souriait d'un air vainqueur. Au bas de la carte, il y avait trois mots, en lettres blanches : *Le Professeur Alberto.*

— C'est ton père? dit le plus grand.

— Oui.

— C'est marrant, un père comme ça!

Sans pudeur, il avait retourné la carte et lu, à voix haute :

Copenhague.

Mon cher Petit Pierre.

Le voyage se poursuit avec un très grand succès. Nous allons partir pour Berlin et, de là, nous irons à Vienne, où nous resterons sans doute un mois. Je n'aurai pas le temps d'aller à Versailles, pour Pâques, comme convenu. Dans notre métier, tu le sais, nous ne sommes pas libres. J'espère que tu seras bien raisonnable. Ta maman se porte bien. Tous les deux, nous t'embrassons bien affectueusement.

A. Doutre.

— Et ta mère? demanda un autre de la bande, est-ce qu'elle fait du trapèze?

Ils avaient ri à en perdre le souffle, tandis qu'il retenait ses larmes.

— Ils vivent dans un cirque, avec les singes et les chameaux!

La troupe se tordait.

— J'en ai vu un, à la foire, dit le grand. On l'attachait avec des chaînes grosses comme ça ; on lui mettait des menottes et il se détachait tout seul. Personne n'y comprenait rien. Il sait faire ça, ton père?

La récréation s'était achevée. Le petit Doutre avait été malade trois jours. Quand il était revenu, les camarades avaient évité toute allusion au professeur Alberto. On sentait qu'ils étaient obligés d'observer une consigne, mais les clins d'œil volaient et, quand une lettre ou une carte arrivait, des toussotements, des raclements de gorge pleins de sous-entendus s'élevaient un peu partout. Et puis, un beau jour, quelqu'un eut l'idée de le surnommer : Fantômas. Un cahier venait-il à disparaître : « C'est Fantômas! »

Il fit semblant de rire mais, pendant plus d'un trimestre, il déchira sans les lire les cartes et les lettres qui lui parvenaient de villes aux noms bizarres : Norrköping, Lugano, Albacete... et, le matin, à la messe, le soir, pendant la prière, il songeait à ces parents lointains qui multipliaient les miracles dérisoires avec un chapeau haut de forme. Doutre se rappelait tout, jusqu'à ses pensées d'alors. Il avait cherché le mot « prestidigitation » dans des dictionnaires. *Art de produire des illusions par l'adresse des mains, les trucs, etc.* Il avait observé ses mains, s'était tortillé les doigts. Comment produire des illusions? Qu'est-ce que ça voulait dire exactement, des illusions? Il n'avait pas tardé à être renseigné. Un prestidigitateur était venu au collège, bonhomme minable qui traînait deux

énormes valises aux étiquettes multicolores. Il s'était
installé dans la salle de gymnastique et avait commencé son boniment. « Non, pensait Doutre, mon père
ne fait pas ce métier-là. Ce n'est pas possible! » Mais
il avait été tout de suite pris, bouleversé, par le
spectacle. Les cartes apparaissaient, disparaissaient, se
faufilaient dans les poches des assistants, se cachaient
d'elles-mêmes sous les sièges, sous le tapis recouvrant
la table. C'était un pullulement d'as, de rois, de
dames, une inquiétante fermentation de trèfles ou de
piques dans l'épaisseur des jeux de cartes alignés sagement côte à côte. On se frottait les yeux, on serrait les
poings...

Parbleu! Il n'y avait là que trucs et tours de passe-
passe. Mais on n'en était pas tellement sûr. Et ces
boules qui changeaient de couleur entre les doigts de
l'homme! Lui-même avait l'air surpris de tout ce qui
se passait dans ses mains, et hochait la tête avec une
espèce d'incrédulité scandalisée. Il montrait une pièce,
la faisait tinter sur le bord d'une soucoupe. C'était une
vraie pièce, sans le moindre doute. Or, voilà qu'elle lui
échappait, fuyait de poche en poche, se dérobait à
peine saisie, disparaissait subitement, et le pauvre
vieux l'appelait, semblait malheureux. Tout à coup,
il l'apercevait loin de lui, dans les cheveux d'un grand
de troisième, et s'en emparait d'un déclic du bras,
comme un chasseur de papillons. Plein d'angoisse,
Doutre regardait, regardait. Ce qu'il voyait était
admirable et terrible. Le chapeau qu'on croyait vide
soudain débordait de fleurs. Les anneaux métalliques
qu'on venait de palper se suspendaient les uns aux
autres comme les maillons d'une chaîne. Hop! Un
geste! Ils étaient de nouveau séparés; ils vivaient,
comme des tronçons de bête, se ressoudaient en un
éclair, formant au poing de l'artiste un reptile clique-
tant. Tout le monde applaudissait, sauf Doutre qui

serrait ses mains sur sa poitrine en un mouvement fri-
leux. L'homme avait demandé un volontaire.

— Fantômas! avait-on crié. Fan-tô-mas! Fan-tô-
mas!

Il s'était avancé sur l'estrade, pâle, incapable de
dire un mot. Et maintenant, il distinguait mieux le
visage démoli du bateleur, sa peau irritée d'alcoolique,
ses vêtements luisants. Il n'entendait pas les paroles
qui lui étaient adressées. Il épiait le guéridon; ce
n'était qu'un vulgaire guéridon aux pieds rafistolés
avec du chatterton. Il retrouva peu à peu sa respiration. L'homme lui mit sa main sur la tête. Il y eut un
grand silence.

— Vous vous appelez Pierre, dit l'illusionniste. Vous
portez un bracelet-montre Omega. Je peux même lire
le numéro gravé dans le boîtier... Attendez... les
chiffres sont si petits... Cent dix... Cent dix mille...
deux cent... quatorze... Voulez-vous vérifier?

Pierre avait ouvert, en tremblant, le boîtier de sa
montre : 110214. Les applaudissements avaient déferlé
si fort qu'il avait levé le bras, pour se protéger, comme
si on l'avait lapidé.

Des étoiles apparaissaient au hublot, s'organisaient
en constellations fuyantes, en bouquets de pâles étincelles : quelque ville perdue dans la distance qui sombrait dans le vent des hélices. La passagère dormait.
Doutre sentait le parfum de ses cheveux. Il se trouvait
dans un avion luxueux; de loin, l'hôtesse le guettait,
prête à l'aider, à le servir. Tout cela était incroyable,
mais au collège aussi tout était incroyable. Ce père
impossible, qui passait deux ou trois fois par an, et le
comblait de cadeaux. Et ensuite les longues attentes,
pleines de méfiance, de hargne, d'admiration et de
tendresse refoulée. Doutre laissait alors son imagination vagabonder; il contemplait en cachette les cartes
aux timbres rares, qui représentaient parfois des casi-

nos, des théâtres, relisait certaines phrases qui le plongeaient dans une sorte d'engourdissement : *La représentation a été un triomphe*, ou bien : *Je viens de signer un contrat inespéré*... Doutre songeait aux boules et aux anneaux du vieux prestidigitateur, et, quand son père revenait, il n'osait plus lui parler, restait hostile, crispé; il avait peur. Oh! ces rencontres au parloir! Comment oublier que cet homme mince, élégant et triste, était le professeur Alberto? Est-ce qu'il faisait, lui aussi, un boniment? Est-ce qu'il avait des poches à double fond? Est-ce qu'il savait deviner les pensées?

— Pourquoi rougis-tu, mon petit Pierre?

— Mais je ne rougis pas.

Cramoisi, Doutre observait son père, étudiait ses mains pâles, fines, aux ongles polis et brillants comme des chatons de bagues. Il se sentait d'une race inférieure, avait honte de sa gaucherie, souhaitait de rester seul, comme un orphelin, et pourtant surveillait l'horloge avec désespoir. « Est-ce qu'il m'aime? pensait-il. Et elle? » Quand la visite tirait à sa fin, il lui arrivait de poser la question qu'il retenait depuis si longtemps :

— Est-ce que maman viendra?

— Bien sûr! Elle est un peu fatiguée, en ce moment. Mais la prochaine fois...

Jamais Doutre n'avait revu sa mère. Jamais il n'avait laissé passer un jour sans regarder la photographie où elle apparaissait en costume de scène, plus scintillante de pierreries que la Vierge de la chapelle et souriant de biais, derrière un éventail. Elle était belle. Pourquoi son père semblait-il gêné quand Pierre demandait des nouvelles de sa mère? Il tournait la tête, montrait sa valise.

— Tu sais ce que je t'apporte?

Il offrait une montre, un stylo, un portefeuille, mais la montre était une Omega, le stylo un Waterman plaqué or et le portefeuille contenait une liasse de billets de mille, Doutre se rapprochait timidement, tendait les bras. Un instant il appuyait son visage sur la poitrine de son père; ses mains s'accrochaient à l'homme qui allait repartir. Il étouffait un sanglot.

— Allons, mon petit Pierre! Tu n'es pas perdu.

— Non, papa.

— Tu sais que nous allons nous installer à Paris bientôt.

— Oui, papa.

— Alors... Dans un mois, je reviendrai. Travaille bien pour nous faire plaisir.

L'horloge sonnait. Doutre marchait dans un rêve jusqu'à la porte. Les derniers gestes de son père se gravaient dans sa mémoire, le mouvement des mains lissant les bords roulés du feutre gris, la chiquenaude chassant une poussière sur la manche du pardessus. C'était fini... La silhouette s'éclairait une seconde, là-bas, devant la conciergerie. Doutre retombait dans sa nuit; les semaines, les mois coulaient. Pendant ce temps, les Alberto poursuivaient, au-delà des montagnes et des mers, leur tournée sans fin. Jamais Doutre n'avait eu le courage de poser les questions qui l'obsédaient : en quoi consistait au juste leur numéro? Est-ce qu'ils gagnaient beaucoup d'argent? Est-ce que leur métier était difficile à apprendre? Parfois, il aurait voulu connaître quelques-uns de leurs secrets, pour imposer silence aux camarades. Il s'était fait acheter, par un externe, un traité de prestidigitation, mais il avait été tout de suite rebuté par l'aridité des schémas, l'obscurité des explications. Il avait renoncé. Peu à peu, il avait même cessé de compter les jours, entre les visites. Il s'engourdissait dans une rêverie paisible, rythmée par la cloche du collège, et quand on lui annonçait que quelqu'un l'attendait au parloir, il n'éprouvait plus qu'un rapide serrement de cœur. Le père et le fils s'observaient, presque avec méfiance. A mesure que le fils devenait un adolescent aux vêtements trop justes, le père se transformait; ses tempes blanchissaient; des rides nouvelles se creusaient le long de ses joues et il avait le teint si pâle, les yeux si creusés qu'il semblait fardé. Doutre avait compris depuis longtemps qu'il ne fallait surtout pas parler de l'avenir. On bavardait futilement. Oui, la nourriture était bonne. Non, le travail n'était pas trop fatigant. Doutre regagnait l'étude à petits pas, en se demandant : « Combien de temps me laisseront-ils ici ? » Ses camarades songeaient déjà à leur métier futur. Pendant la promenade, derrière une haie, tout en fumant des cigarettes américaines, ils se disaient leurs projets. Doutre, interrogé, répondait invariablement : « Oh! moi, je ferai du cinéma. » Tout le monde le croyait. C'était fini, les moqueries. A force de détachement, de nonchalance, Doutre avait imposé aux autres l'image qu'il aurait voulu s'imposer à lui-même, celle d'un garçon riche, revenu de tout, méprisant le travail et attendant son heure. Mais il se rendait bien compte qu'il rêvait et il lui arrivait souvent de sentir dans sa poitrine une onde d'angoisse, de se passer les mains sur les yeux et de jeter ensuite autour de lui un regard éperdu.

« Je rêve encore, pensa Doutre. Ce n'est pas vrai. Il ne va pas mourir. »

Il alluma une cigarette, se pencha vers le hublot. Les signes de feu se multipliaient. Ses voisins de droite tendirent le cou et l'un d'eux prononça une longue phrase. Doutre reconnut le mot : Hambourg.

— Votre père est tombé malade à Hambourg, avait expliqué le supérieur. Vous allez partir tout de suite. J'ai fait le nécessaire.

Il y avait, sur un coin du bureau, des billets de

banque, des papiers, le passeport, le télégramme.

— Je pense que quelqu'un vous attendra là-bas, avait ajouté le prêtre. Sinon, prenez une voiture. L'adresse est sur la dépêche.

Tout le reste était flou; les souvenirs se chevauchaient, l'étude et la chapelle, les poignées de main, les signes de croix, et la gare aérienne, avec ses pistes blanches et ses haut-parleurs, et le supérieur qui levait le bras et dont la soutane flottait, dans le souffle de l'avion, comme une voile mal saisie. Voilà que le petit Doutre était projeté dans la vie, et il avait beau regarder en arrière, il savait déjà qu'il ne reviendrait jamais au collège. Où irait-il? Qui s'occuperait de lui? Il éteignit sa cigarette et boucla sa ceinture. Au-dessous de l'avion, brasillait une énorme cité quadrillée de lumières. Encore quelques minutes et il ne serait plus qu'une épave si personne ne l'attendait, si les chauffeurs de taxis ne comprenaient pas ses explications, ou ne connaissaient pas l'adresse... Il tira le télégramme et le relut. *Kursaal. Hambourg.* Aucun nom de rue. *Kursaal!* C'était sans doute le music-hall où travaillait le professeur Alberto. Tout cela, maintenant, lui faisait horreur. Il se raidit, l'appareil commençait à descendre et la ville, comme dressée sur une pente invisible, glissait obliquement, avec ses entrelacs et ses girandoles multicolores. Il ferma les yeux, serra les paupières, refusant de toutes ses forces ce qui allait venir. La ceinture le maintenait solidement; il faillit gémir, comme un malade que l'on couche sur la table d'opération. Il souhaita que l'avion prenne feu, explose. Qui s'apercevrait de la disparition du petit Doutre? Est-ce que cela existe, le fils d'un prestidigitateur? Il revit la pièce de monnaie qui disparaissait dans l'espace, renaissait plus loin pour s'anéantir; les anneaux, les fleurs, le chapeau débordant d'apparences, d'ombres, de chimères; et le vieil homme traînant ses deux valises. Déjà l'avion roulait et la ville se composait autour de lui, immobilisait ses lumières. Les passagers se dressaient, en un joyeux brouhaha. Une porte s'ouvrit sur la nuit.

Doutre releva le col de son pardessus et s'avança, cherchant à voir en se haussant sur la pointe des pieds. Au bas de l'échelle des gens attendaient, leurs visages levés flottant comme des méduses. Il y avait soudain un grand silence sonore. La tête de Doutre tournait un peu. Il entendit, proche, profond et bizarrement fraternel, l'appel insistant d'un navire. Il descendit, sa main serrant la rambarde. Chaque passager devenait le centre d'un petit groupe bruyant. Pour lui, il ne restait personne et il s'arrêta au pied de l'échelle, incapable d'aller plus loin. A ce moment, on lui toucha le bras.

— Pierre Doutre?

Il s'écarta vivement; l'homme était plus petit que lui. Il portait des culottes de cheval et un paletot de cuir. Il était complètement chauve et si maigre que son cou semblait tressé de tendons.

— Pierre Doutre?

— Oui.

— Venez!

L'homme s'en allait, pressé, soucieux. Doutre courut derrière lui.

— C'est ma mère qui vous envoie?

Pas de réponse.

— Est-ce que mon père...

Il valait mieux ne pas insister. Devant la gare aérienne, parmi les voitures longues et luisantes, était parquée une vieille camionnette chargée de bottes de paille. Sur le flanc gauche, elle portait un panneau représentant des lions assis en rond autour d'un athlète vêtu d'une peau de léopard. Sur le flanc droit, il y avait une tête de clown, hilare, avec des cheveux rouges et des yeux carrés. L'homme ouvrit la cabine, fit signe à Doutre de monter.

— *Kursaal*, dit-il, d'une voix qui semblait brasser des cailloux.

L'auto ferraillante roulait maintenant dans la ville illuminée. Au lieu de gagner les quartiers populeux, comme Doutre l'avait cru tout d'abord, elle semblait au contraire se rapprocher du centre, suivait des avenues bordées d'immeubles neufs et bariolés d'enseignes au néon. Une foule paisible coulait sur les trottoirs; Doutre avait hâte d'arriver, de se jeter sur un lit et d'oublier ce voyage incohérent. L'auto longea une sorte de lac puis s'engagea dans des rues étroites, bordées de brasseries. Elle stoppa au coin d'une place.

— *Kursaal*, dit l'homme. Music-hall.

Il montrait une façade bordée d'une rampe d'ampoules qui s'allumaient et s'éteignaient sans cesse, laissant au fond des yeux une image brûlante. Doutre ne bougeait pas.

— Descendez!

Doutre était trop fatigué pour protester. Il suivit l'homme. C'est alors qu'il découvrit les affiches. Elles se succédaient, sur des panneaux de bois hauts de trois mètres. Elles couvraient tout un mur. *Professor Alberto... Professor Alberto... Professor Alberto...* Le professeur, en habit, une fleur à la boutonnière, contemplait une boule de cristal. Sur chaque affiche, on avait collé, en diagonale, une bande de papier blanc. Le professeur ne comptait plus. Il était rayé du programme, et pourtant il vivait encore, souriant à son fils de sa bouche de papier, tendant vers lui la boule mystérieuse qui s'allumait, s'éteignait, au rythme frénétique des lumières. L'homme poussa Doutre en avant, le conduisit à l'entrée d'une ruelle.

— Venez!

Il faisait noir. Des odeurs d'écurie sortaient d'un porche ; on entendait les échos d'un orchestre, la vibration des cuivres et le battement grave d'une caisse. Le long d'un trottoir étroit stationnaient deux roulottes, vastes comme des wagons. Doutre les contourna et l'homme le retint par le bras, au moment où il allait continuer sa route.

— Ici, murmura-t-il.

Doutre devina des marches, poussa une porte. Une veilleuse brillait au fond d'un tunnel d'ombre. Mains en avant, il s'avança vers la petite lueur et aperçut une forme couchée. Encore trois pas. Il s'arrêta au bord du lit. Le professeur Alberto était là, les yeux clos, le nez pincé, une orchidée fanée à la boutonnière de son habit. Ses mains étaient jointes sur sa poitrine. Un bouton manquait à son plastron. Doutre se retourna, cherchant son compagnon, mais celui-ci avait disparu. Ses yeux s'habituaient lentement. Il aperçut une chaise et s'assit doucement. Il ne savait pas encore s'il avait du chagrin. Il était vide. Peu à peu, la roulotte sortait de la pénombre, se peuplait d'objets inattendus qui devaient être des accessoires : une malle au couvercle bombé, des guéridons, des chaises emboîtées les unes dans les autres, des rouleaux de fil de fer, un service à café, sur un plateau, deux épées posées sur une table pliante, une arbalète... Doutre aurait voulu ramener ses regards sur le mort et sentir ses yeux se mouiller. Malgré lui, il tournait la tête, surveillait les profondeurs de l'étrange voiture. On avait remué, là-bas... un bruit soyeux, suivi d'un grincement... Il se leva, le cœur battant. Il y eut soudain un claquement de plumes et une forme blanche sembla tomber du plafond. Elle se posa sur un coffret incrusté de nacre. C'était une tourterelle, dont l'œil rond reflétait la lampe, tandis qu'elle penchait la tête pour observer le visiteur. Une deuxième tourterelle surgit en planant et se percha sur une étagère, au-dessus du cadavre. Doutre contemplait stupidement les oiseaux. Ils marchaient lentement, sur leurs griffes en étoiles, s'arrêtaient pour plonger leur bec sous une aile, ou parmi le duvet du jabot. D'un bond léger, la seconde rejoignit la première, et elles se poursuivirent à pas pressés, autour du coffret, puis l'une d'elles roucoula doucement et ce délicat soupir, ce sanglot amoureux délivra Doutre. Il tomba près du lit, à genoux.

— Papa!

Ses larmes débordaient, coulaient entre ses doigts pressés. Tous les mots qu'il n'avait jamais osé dire, tous les soupçons, tous les reproches, tous les élans... Ah! il était trop tard. Il n'y avait plus qu'à pleurer, à demander pardon.

Un pas lourd fit grincer les marches. Quelqu'un entra dans la roulotte. Doutre se leva.

— Qui est là?

Il entendait un souffle encombré. Une voix grave le fit sursauter.

— C'est toi, mon petit?

La femme apparut, dans le cercle de lumière. Elle était maquillée d'une manière voyante, portait aux oreilles des anneaux d'or. La robe de chambre serrée à la taille dessinait le corps épais, découvrait les pieds nus, dans des mules. Elle s'approcha et Doutre recula.

— Je te fais peur? dit-elle. Tu ne me reconnais plus... Allons! Embrasse-moi donc.

Il tendit son visage, sentit sur sa joue la bouche charnue et molle, puis la femme prit du champ, le regarda du haut en bas.

— Tu es bien son fils, murmura-t-elle... Essuie ta figure. On ne pleure pas, à ton âge.

D'un revers de main, elle chassa les oiseaux, sortit du coffret une bouteille et deux verres.

— Tu dois être fatigué, mon pauvre petit. Allez, bois. Ne t'occupe pas de lui. Là où il est, on ne fait plus attention aux vivants.

Elle fit tourner son verre entre ses doigts, puis haussa les épaules et le vida d'un trait.

II

Doutre ne devait jamais oublier l'enterrement. Le cimetière était entouré d'immenses immeubles en béton, comme ces terrains de football qu'on voit aux actualités. Les dalles, les croix, le gravier, tout était neuf. Le cercueil brillait presque joyeusement, tandis qu'un vieux prêtre prononçait quelques formules confuses qui étaient peut-être du latin, peut-être de l'allemand. Doutre, de temps en temps, regardait sa mère. A cause d'elle, il était distrait, insensible. Elle portait un tailleur noir un peu trop juste, qu'elle avait probablement emprunté. Il la moulait si étroitement qu'on devinait, sous la jupe, le dessin du slip. A la taille, une couture avait craqué, découvrant un losange d'étoffe mauve. Le cercueil commença de glisser dans la fosse et elle s'avança d'un pas, fronçant les sourcils parce que les croque-morts accordaient mal leurs efforts. Un peu en arrière, il y avait un petit groupe, discrètement ému, qui se signa quand le prêtre lança l'eau bénite. Quelques curieux apparaissaient aux fenêtres des buildings. Au bout d'une allée proche, on apercevait un autre prêtre, un autre cercueil, d'autres personnes en deuil et le vent mêlait les oraisons. Doutre devait faire un effort pour comprendre qu'il était à Hambourg et qu'on enterrait son père. Machinalement, il agita le goupillon; des bribes de prières surgissaient dans sa mémoire. Il prononçait sans conviction des phrases qu'il avait l'impression d'avoir apprises en quelque vie antérieure. Malgré lui, ses yeux se tournaient vers sa mère. Elle s'était poudrée à la hâte, et ses rides craquelaient le maquillage. Quel âge avait-elle?... Cinquante? Plus... Ses cheveux étaient teints. Ses joues tombaient. Mais son regard sombre, intense, gardait un feu de jeunesse, une sorte de fougue mal contenue, qui mettait Doutre mal à l'aise.

La terre s'écroulait à lourdes pelletées. Le prêtre s'éloigna, avec son enfant de chœur. Alors, les amis du professeur Alberto commencèrent à défiler. Ils s'inclinaient, prononçaient des mots incompréhensibles, retenant longtemps dans leurs mains celles de la veuve. Ils ne faisaient guère attention à Doutre. Certains étaient vêtus de complets excentriques. Des acrobates? Des clowns? Il y avait un nain, qui trottinait sur ses petites jambes arquées, un vaste feutre gris perle à la main. Tous avaient des visages glabres, des yeux clairs et la même expression désolée. La plupart embrassaient Odette. Les femmes étaient peu nombreuses. Doutre n'osait pas les regarder avec trop d'attention, mais, parce qu'il baissait les yeux, il remarquait leurs jambes, leurs hanches, et il y avait, dans leur démarche, quelque chose de délivré et de hardi qui le remplissait d'une bizarre confusion. La plus jeune parla longtemps à Odette et quand elle serra la main de Doutre, il fut écrasé par le sentiment de sa propre insignifiance. Elle était blonde, d'un blond lumineux, irréel, qui flottait autour d'elle comme un reflet. Il n'eut pas le temps d'observer, de comprendre. Il ne sut même pas s'il avait aperçu son visage. Il souffrait trop, brusquement, d'être là, dans ce costume étriqué, auprès de cette lourde femme inconnue qui répétait mécaniquement : « Merci, merci » en trois ou quatre langues. Et, dans sa tête, flottait l'image de ces cheveux blonds, comme un soleil insoutenable.

— Merci, Ludwig, merci, dit Odette.

L'homme qui, maintenant, lui serrait la main était celui qui l'avait attendu, la veille, à l'aérodrome. Derrière lui se dandinait un individu difforme à force de maigreur, qui le dominait de la tête et des épaules.

— C'est Vladimir, expliqua Ludwig. Il s'occupe de vos voitures.

A voix basse, il ajouta :

— Il a la cervelle un peu dérangée.

Puis il se retourna vers Vladimir, fit claquer ses doigts, et Vladimir le suivit, les bras ballants, le dos voûté, reniflant de chagrin. Il était le seul qui parût bouleversé. Doutre ferma les yeux. « Je dors », pensa-t-il. Quand il les rouvrit, il sursauta. La jeune femme blonde, de nouveau, embrassait sa mère, se dirigeait vers lui, la main tendue.

— Mais... voyons..., murmura-t-il.

Elle ne sembla pas remarquer son désarroi, lui sourit gentiment, et il se rappela soudain qu'elle lui avait souri de la même façon, la première fois. Il regardait stupidement la petite main gantée de noir, qui s'offrait. Il ne se demandait plus pourquoi la femme était revenue. Il la dévisageait avidement, brutalement; s'il en avait eu le courage, il aurait crié : « Attendez! Ne partez pas... Que je vous retienne bien, tout entière, dans ma mémoire! » Mais, comme la première fois, elle s'éloignait, parmi les tombes, mince, élégante, la taille à peine ondulante, et si blonde, si incroyablement blonde... Un jouet!... Une fée qui se dédoublait à volonté, qui allait peut-être reparaître une troisième fois. Mais il n'y avait plus, dans l'allée, que deux hommes, qui sentaient le cuir

et le foin, deux palefreniers, sans doute, qui se dépê-
chèrent de bredouiller quelques mots. Odette revint
près de la fosse; elle resta un moment immobile,
puis elle sortit de son sac en crocodile un mouchoir
dont elle se tamponna la bouche.

— Quelle garce de vie! dit-elle, et elle prit le bras
de son fils. Un taxi les ramena au *Kursaal*.

Il faisait sombre, dans la roulotte aménagée en
salle à manger-cuisine. Des rideaux de velours mas-
quaient les deux fenêtres. Un tube fluorescent s'allumait au plafond, éclairant la longue voiture qui avait
dû être luxueuse. Mais les peintures étaient sales. Le
divan où couchait Odette était défait. Des couverts
s'empilaient sur la table et des casseroles encombraient
la cuisinière électrique. Odette, un pied calant l'autre,
retira ses souliers. Puis elle enleva sa jaquette et, mar-
chant sur ses bas, chercha un verre propre.

— Tu n'as pas soif, toi? Moi, le matin, je suis
desséchée.

Elle but un peu de vin blanc, alluma une cigarette.

— Si tu en as envie, sers-toi!

Et, comme Doutre restait immobile, à l'entrée de
la voiture :

— Eh bien, dit-elle, remue-toi. Tiens, il y a des
pommes de terre, dans le panier. Commence à en
peler quelques-unes...

Doutre chercha un couteau, ouvrit les tiroirs d'un
buffet; il y avait de tout, là-dedans : de la ficelle,
des bouchons de champagne, des factures, des boîtes
d'aspirine.

— Dans le tiroir de la table! cria Odette.

Elle faisait glisser sa jupe qui tomba en rond, à ses pieds.

— Ça va mieux, murmura-t-elle. Mon Dieu, mon
pauvre garçon, que tu as l'air empoté!

Elle le repoussa et fouilla dans le tiroir, jeta un
couteau sur la toile cirée.

— Il va falloir que tu... Quoi? Qu'est-ce qui t'arrive?

Doutre, affreusement gêné, ne savait plus où poser les yeux. Odette comprit soudain et tendit le bras vers sa robe de chambre.

— Tu n'as donc jamais vu de femme? dit-elle d'une voix changée. C'est vrai que là-bas, dans ta pension...

Elle noua la cordelière, joignit les revers bâillants à l'aide d'une épingle de sûreté et, un doigt sous le menton de Pierre :

— Voyons... Regarde-moi... C'est vrai qu'il est tout rouge, le pauvre!... Quel âge as-tu, exactement?

Doutre, d'un mouvement brusque, se dégagea.

— Vingt ans!... Tu dois le savoir aussi bien que moi.

Elle lui froissait machinalement une oreille.

— Vingt ans! Déjà... Et tu ne sais rien faire, naturellement!

Il redressa la tête, soulevé de colère, mais elle le regardait avec une sorte de passion triste, de trouble douceur qui l'amollit soudain.

— Pas grand-chose, avoua-t-il.

Les doigts lui caressaient la joue.

— Tu as pourtant une jolie petite gueule, chuchota-t-elle. Ça, c'est de moi, et ça aussi...

Son pouce semblait remodeler le visage étroit du garçon, suivait autour du nez, le long des joues, les contours d'un autre visage.

— Et ces points de rousseur... j'avais les mêmes...

Ses yeux devinrent plus brillants; Pierre sentit le pouce qui tremblait sur sa peau. Il voulut parler.

— Non, tais-toi, dit-elle.

Sa main retomba. Elle s'aperçut que sa cigarette était éteinte et manœuvra le briquet électrique, au-dessus de la cuisinière. Il ne fonctionna pas et elle haussa les épaules.

— Rien ne marche plus, soupira-t-elle. Ah! tu tombes mal, petit. Tu tombes bien mal.

— Bon, fit-il aigrement. Je peux retourner là-bas.

Elle eut un accès de rire qui secoua sa poitrine.

— Tu as la même voix que ton père... Lui aussi, il disait tout le temps : « Il n'y a qu'à faire ceci ou cela... » Il ne tenait pas les cordons de la bourse. A force de jouer avec les pièces, il finissait par croire qu'elles se multipliaient toutes seules.

— Je suis capable de travailler.

— A quoi?

Il demeura silencieux.

— La situation n'est pas brillante, reprit-elle. Ton père disparu, qu'est-ce que je peux faire?... Ludwig veut bien m'aider à monter un numéro provisoirement. Ça me permettra de gagner un mois, peut-être. Mais après...

Elle repoussa les couverts et se mit à peler les pommes de terre. Elle penchait la tête et Doutre voyait ses cheveux, blancs à la racine.

— Je croyais, dit-il, que vous gagniez beaucoup d'argent.

— Nous en avons gagné beaucoup, oui...

Elle souriait; son visage s'anima soudain. Quelque chose de clair, de vif, passa dans ses yeux.

— Aussitôt après la guerre, continua-t-elle, c'était fête tous les jours. Les gens ne songeaient qu'à dépenser... Nous aussi, nous dépensions beaucoup. Nous ne nous sommes pas méfiés.

Elle se versa encore deux doigts de vin blanc.

— Je ne devrais pas boire, mais quand je pense à ce que nous avons été...

— Je ne comprends pas bien, dit Doutre.

— C'est que tu n'es pas du métier. Ton père était un extraordinaire manipulateur. Je n'ai jamais rencontré quelqu'un d'aussi adroit que lui. Mais il manquait d'imagination. Son numéro datait, faisait vieux jeu. Les gens sont habitués au cinéma! Ils veulent de

la mise en scène, des jeux de lumière, de l'émotion...
Les cartes, les boules, le travail en souplesse, personne
n'apprécie plus ça. Ton père en était encore à la
vieille école. Et on ne le faisait pas facilement changer
d'avis. Surtout moi.

— Écoute, maman...

Elle le regarda, d'un air stupéfié.

— Maman, dit-elle... Maman... Non, tu es bien
gentil, mais je ne m'habituerai jamais... J'aime mieux
que tu m'appelles Odette, comme les autres.

Elle ouvrit le buffet, mit des côtelettes sur un gril.

— Tu as vu le genre d'établissement, lança-t-elle.
Un music-hall de troisième ordre. Après il faudra faire
les foires.

Doutre pensa au vieux prestidigitateur, à ses yeux
enflammés d'alcoolique. Il se leva, les poings serrés.

— Non, dit-il, c'est impossible... Il doit bien y avoir
un moyen.

— Quel moyen?... Il y a des semaines que je réfléchis.

— Je peux t'aider.

— Toi?

Elle régla le feu sur le gril, puis examina Doutre
froidement, longuement.

— Tourne-toi... Mets-toi de profil... Marche vers la
porte... Ça va! Reviens!... Tu ne sais même pas danser,
je parie?... Tu as les jambes comme des bouts de bois.

La viande grésilla et elle chercha partout une fourchette.

— Ce serait trop long de t'apprendre. Il faut savoir
se tenir en scène, parler... Tu es bien trop timide.

Elle déposa les côtelettes sur un plat.

— Tiens, dit-elle, puisque tu veux te rendre utile,
coupe les pommes de terre en petits morceaux.

On frappa du poing à la porte et Ludwig entra. Il
enleva sa veste de cuir, l'accrocha au portemanteau,
tira une pipe de sa poche.

— On va déjeuner, cria Odette.

Ludwig s'assit sur le lit défait, ramassa la robe sur le plancher et la lança sur le dos d'une chaise.

— Alors, petit? demanda-t-il, de cette voix qui faisait mal à entendre. On s'habitue?

— Il voudrait m'aider, dit Odette.

— Hé, ce ne serait pas idiot!

Ils commencèrent à discuter en allemand. Doutre ne se lassait pas de regarder cet homme qui semblait si parfaitement à l'aise, installé comme chez lui. Là-bas, le mort était à peine refroidi, dans sa tombe. Et, de nouveau, Doutre se sentait jeté dans un monde étranger, bizarre, comme si l'avion s'était, la veille, posé sur quelque planète inconnue. Il songea à la fille blonde qui lui avait serré la main, au cimetière, puis aux tourterelles qui voltigeaient parmi les épées.

— A table! dit Odette.

— Tu aurais pu laver les assiettes, grogna Ludwig.

Il s'approcha de Doutre.

— Fais voir tes mains.

Il les tâta, les plia en arrière pour éprouver la souplesse des poignets.

— Rien de formidable, annonça-t-il.

Puis il se remit à parler en allemand. De temps en temps, Odette et lui étudiaient le garçon. Les pommes de terre, oubliées dans la poêle, répandaient une fumée bleue. Ludwig expliquait quelque chose qui paraissait déplaire à Odette. A bout d'arguments, elle saisit sa côtelette par le manche et mordit dedans.

— Tant qu'on n'a pas essayé, on ne peut pas se rendre compte, conclut Ludwig.

— Bon, bon, ça va, dit Odette.

Elle s'essuya les mains à un torchon suspendu près du petit évier, ouvrit une armoire et sortit un costume accroché à un cintre.

— Passe-le, dit-elle.

— Maintenant? fit Doutre, surpris.

— Oui, tout de suite! Ludwig est comme ça. Quand il a une idée, ça ne peut plus attendre.

Doutre étala les vêtements sur le divan.

— Mais c'est un habit! s'écria-t-il.

— Évidemment! Le meilleur costume de ton père.

Doutre se déshabilla et enfila le pantalon, impressionné par la baguette de soie brillante.

— Qu'est-ce que je disais! grommela Ludwig. Ça lui va comme un gant.

Doutre revêtit le frac et Ludwig se dérangea pour tâter les épaules, vérifier la chute des manches.

— Alors? interrogea-t-il.

Odette hésitait.

— Oui, admit-elle. Ça vaut peut-être la peine de risquer.

Doutre avait mis, d'instinct, ses mains dans les poches du pantalon. Il trouva un objet rond qu'il éleva vers la lumière.

— Qu'est-ce que c'est? Une pièce?

— Ah! fit Odette vivement. C'est le dollar avec lequel il travaillait.

— En quoi est-il? demanda Doutre.

Ludwig jeta un regard à Odette, qui hésita.

— En argent, bien sûr! dit-elle enfin. Garde-le. Il est à toi. Tu auras peut-être à t'en servir.

Ludwig se rassit. Il fixait le garçon entre ses paupières mi-closes.

— Tiens-toi droit, ordonna-t-il... Là... Tu vas dire, maintenant : Mesdames, messieurs... Allez! Vas-y! Ça ne t'écorchera pas la bouche. Mesdames, messieurs. Comme si tu t'adressais à des gens, au fond de la voiture.

Doutre avait l'impression qu'on l'étranglait. Il chercha sa mère des yeux et vit qu'elle attendait, la bouche légèrement entrouverte, une main suspendue, en un geste d'encouragement.

— Non... je ne peux pas, gémit Doutre.

— Mais si, fit Ludwig, agacé. Mets ta main gauche dans ta poche... Le corps bien souple... Allez... Mesdames... Répète : Mesdames...

— Mesdames, messieurs! jeta Doutre, comme s'il avait crié à l'aide.

— Eh bien, ce n'est pas trop mal, dit Ludwig, tourné vers Odette. La voix est sourde. Mais ça se développe, la voix.

Les pommes de terre brûlaient. Sans se déranger, de la pointe du soulier, Ludwig tourna la clef du réchaud. Puis, un bras jeté par-dessus le dossier de la chaise, il interrogea négligemment.

— Ça te dirait, petit, de travailler avec moi?

— Jamais il ne pourra, murmura Odette.

— Et moi je te promets qu'il y arrivera, dit Ludwig. Bon Dieu, quoi, j'ai l'habitude.

— Je ne sais pas, fit piteusement Doutre.

— Donne ta pièce.

Ludwig empauma le dollar et la pièce sembla vivre. Elle courait sur le dos de sa main, tombait dans sa manche, repassait sur son épaule, filait au bout de ses doigts, d'où elle s'élançait dans l'espace en une pirouette enjouée.

— Elle est dans ta poche, dit Ludwig.

Stupide, Doutre se fouilla, ramena le dollar avec méfiance.

— Regarde si c'est bien le même, conseilla Odette à son fils.

— Oh! protesta Ludwig... Tu ne voudrais tout de même pas...

— Je te connais tellement!

Doutre les considérait tous les deux, Odette appuyée au bras de Ludwig.

— Eh bien, reprit Ludwig, tu n'aimerais pas faire tous ces tours? C'est facile, tu sais.

— Oui, avoua Doutre, je crois que j'aimerais...

Ludwig se remit à table et la conversation en allemand recommença. Silencieusement, Doutre changea de vêtements et revint à sa côtelette, qui était froide. Le dollar était caché dans son mouchoir. De temps en temps, sournoisement, il le tâtait, promenait son ongle sur la tranche pour en sentir les aspérités. Il se serait battu, si on avait voulu lui reprendre la pièce. Elle avait soudain, pour lui, un prix infini. Quand il touchait le métal tiède, il lui semblait, maintenant, qu'il serrait dans sa main la main de son père. Et il avait tellement besoin de s'accrocher à une main amie !

— Nous n'avons pas le choix, déclara Ludwig. De toute façon, moi, dans quatre semaines, je m'en vais.

Il égoutta la bouteille dans son verre, but à petites gorgées, s'essuya la bouche avec son mouchoir.

— On commencera ce soir. D'accord, petit ?

Il lui entoura les épaules d'un bras affectueux, puis, changeant de ton, dit sèchement :

— Surveille tes affaires, professeur ! et il lança devant Doutre, parmi les assiettes, le portefeuille qu'il venait de cueillir dans sa poche.

Il sortit ensuite, la veste sur le bras, en sifflotant. Odette soupira.

— Il est impossible ! murmura-t-elle. Il en faut de la patience avec lui. Mais il sait tout faire, et s'il n'était pas là...

Elle ouvrit une boîte de biscuits et, en passant près du garçon, lui caressa les cheveux.

— Si seulement tu étais un peu plus hardi ! Dans notre travail, il faut savoir mentir, c'est tout. Mais dame, il faut savoir bien mentir. As-tu déjà vu des illusionnistes ?

Il serra le dollar dans son poing.

— Non, dit-il.

— Eh bien, tu vas nous voir, Ludwig et moi. Nous

allons répéter, dans dix minutes. Tu n'as qu'à traverser la rue et nous attendre dans la salle.

Doutre se laissait faire, se laissait conduire. Il voulait bien tout ce qu'on voulait à sa place. Tout lui était égal. Vivre ici n'était pas plus absurde que vivre au collège. C'était le même rêve qui continuait. Il sortit le dollar, d'une chiquenaude le lança en l'air et le rattrapa sur le plat de la main, mais il ignorait justement où était le côté face, où le côté pile. Que signifiait l'aigle? Et ce mot Liberty, en majuscules? Il descendit les marches. Vladimir sortait de la roulotte au matériel, les bras encombrés d'accessoires, deux sabres coincés sous une aisselle, la tête coiffée d'un chapeau haut de forme qui lui tombait sur le nez. Les tourterelles étaient perchées sur son épaule, paisibles, rengorgées. Doutre le suivit. Il avait cessé de s'étonner.

La salle était pauvrement éclairée par quelques lampes, perdues dans les cintres. Les dos des fauteuils luisaient, rougeâtres, et les loges étaient des trous d'ombre. Cela ressemblait plus à une cave aux supplices qu'à un théâtre. Doutre se rapprocha de la fosse parce qu'il voyait des silhouettes noires au premier rang. Des têtes se tournèrent de son côté. Un bras s'agita et plusieurs personnes se levèrent pour lui laisser une place. Il s'assit en s'excusant, sourit au hasard vers sa voisine de gauche et soudain, la reconnut. La fée! L'inconnue blonde! Ses yeux s'habituaient à la demi-obscurité; il distinguait mieux le visage de la jeune fille, l'arrondi de la joue, le gonflement des lèvres et, quand elle le regarda, il devina l'éclat des prunelles d'un bleu sombre, sous le battement des cils empâtés de rimmel. Il s'enfonça dans son fauteuil, soupira très lentement, mais il restait en lui comme une trace d'angoisse; il continuait à se méfier; il observait sa voisine, se demandant pourquoi elle lui adressait des signes, pourquoi, de la tête, elle lui désignait quelque chose, à sa droite. Il finit par jeter les yeux de ce côté et, pendant une minute, il douta de lui, car il était sûr, cette fois, que le cauchemar continuait. Il y avait une femme, à sa droite. Et c'était encore l'inconnue blonde. Mêmes lèvres, mêmes prunelles d'un bleu sombre, même battement de cils, même sourire amusé. Le profil qu'il voyait à droite reproduisait le profil qu'il avait cru voir à gauche. Mais les deux jeunes femmes se penchèrent en avant, rapprochèrent leur tête et il eut, devant lui, le même visage dédoublé, les mêmes yeux bleus qui se moquaient.

— Greta, murmura la jeune fille de gauche.

— Hilda, murmura la jeune fille de droite.

Encore incrédule, Doutre les regardait, tour à tour. Elles éclatèrent de rire et l'une des deux — mais déjà il ne savait plus laquelle — prononça une phrase en allemand et leva deux doigts de sa main droite. L'autre en fit autant.

— Jumelles? fit Doutre.

— Ja, ja...

Elles paraissaient ravies et pouffaient en contemplant Doutre qui ne pouvait empêcher ses yeux d'aller de gauche à droite, en un mouvement qui trahissait son émoi. Puis elles montrèrent la scène et expliquèrent quelque chose qu'il ne comprit pas.

— Vous dansez? suggéra Doutre.

Elles se consultèrent et remuèrent les lèvres, comme pour répéter les paroles du garçon. Alors, sur le dos de sa main gauche, il fit courir les doigts de sa main droite, les agita comme des jambes esquissant une polka. Elles se renversèrent sur leurs fauteuils pour rire plus à l'aise et il demeurait suspendu entre la colère et l'émerveillement, tandis qu'une douceur moelleuse, fondante, l'engourdissait peu à peu. Elles se redressèrent et mirent en même temps un doigt sur leurs lèvres. Ludwig s'avançait sur la scène et la rampe s'alluma. Vladimir disposa rapidement des guéridons, des coffres, des boîtes, un gigantesque jeu de dés; Doutre ne savait plus où poser ses regards. Le spectacle l'attirait, mais il ne pouvait détourner sa pensée de Hilda et de Greta. Il se pencha à gauche et murmura :

— Hilda!

La jeune fille étouffa un merveilleux rire de gorge et chuchota :

— Nein! Greta!

C'était un jeu de cache-cache fascinant et qui devenait très vite voluptueux. Doutre étendit les bras, de chaque côté, sur le dos des fauteuils, ne comprenant rien à son audace. Il avait presque contre lui les deux filles qui, de temps en temps, levaient, dans le reflet brutal de la herse, leurs deux visages identiques pour lui lancer un double sourire complice. Ludwig, là-bas, jonglait avec des boules multicolores qui paraissaient sortir du néant. Elles étaient trois, puis quatre, puis cinq. Il les réunissait d'un geste dans le creux de ses mains jointes qu'il frottait doucement l'une contre l'autre avant de les écarter, paumes en avant. Il n'y avait plus de boules. Alors, Doutre, du bout des doigts, touchait les épaules des deux sœurs. Elles étaient toujours là et leurs cils battaient quand elles sentaient le frôlement léger de ces doigts qui doutaient encore. Ludwig, maintenant, montrait le chapeau vide, le posait, renversé sur un guéridon, levait les mains, les étendait comme un prêtre qui appelle l'esprit. Il recula d'un pas, bras tendus, et les deux tourterelles s'échappèrent du chapeau, voletèrent autour de la scène; Doutre saisit les filles aux épaules.

— Je veux apprendre ce métier, dit-il.

Elles ne comprirent pas mais, ensemble, lui sourirent avec gratitude.

III

— Alors, dit Odette, ça t'a plu?... Je te demande si ça t'a plu. Tu es sourd?

— Oui, bien sûr, c'est un bon spectacle, fit Doutre... Qu'est-ce que c'est que ces deux filles?

— J'aurais dû m'en douter. Tu n'as vu qu'elles!... grommela Odette. Au fond, tu es plus dégourdi que tu n'en as l'air. Aide-moi, tiens!

Elle avait enlevé sa robe de scène, un long fourreau noir très décolleté, et cherchait le long de ses reins le nœud du corset. Doutre avait chaud, brusquement.

— Deux petites propres à rien, continua Odette. Elles font un numéro qui n'intéresse personne... Tu vas me laisser étouffer longtemps?

Un genou à terre, Doutre s'évertuait, parce qu'il avait tiré sur le mauvais lacet.

— Je suis trop vieille, je suis trop grosse, disait Odette. Le public n'aime pas ça. Quand Ludwig annonce qu'il va me faire disparaître, les gens rigolent. Toi, oui, on croirait que tu peux t'escamoter, ou les petites blondes... Vous avez l'âge du mystère, vous... Ça y est?

Elle se donna un peu d'air, et enfila une robe de chambre.

— Je suppose que tu travaillerais bien avec elles?

— Moi?

— Moi? fit-elle en l'imitant. Tu es trop drôle. Mais oui, tu travaillerais avec elles. C'est écrit sur ta figure.

Doutre s'éloigna d'Odette.

— Tu as donc trouvé une idée?

Elle rit, sans cesser de l'observer.

— Tu m'amuses quand tu fais ton petit coq. Ça t'étonne, que j'aie des idées? Graine d'homme, va! Des idées, j'en ai depuis vingt ans, figure-toi. Il a bien fallu. Ton père n'aimait pas beaucoup réfléchir. Ça le fatiguait.

Elle attrapa, sur l'armoire, un carton à dessin aux flancs éraillés et l'ouvrit sur le plancher. Elle s'assit par terre, souplement. Chacun de ses gestes étonnait Doutre.

— Des idées! dit-elle, en voilà...

Le carton était plein de croquis, d'épures, de plans cotés, au crayon, à la plume, au fusain. Elle les éparpilla. Doutre s'accroupit près d'elle. D'un doigt à l'ongle trop rouge, elle présentait les feuilles.

— La fenêtre hantée... le miroir magique... la malle mystérieuse... C'est très joli et ça fait toujours son petit effet... la femme papillon... la corde indienne...

Doutre prit un dessin et l'étudia.

— C'est toi qui as inventé tout cela?

— Oh! non. Je ne suis pas assez intelligente. Mais j'ai perfectionné certains tours, imaginé des décors spéciaux... Ce n'est pas plus difficile que de couper une robe. Avec des trappes et des miroirs, tout est possible. Tiens, cette cage, c'est le croquis en projection d'un décor qui n'a jamais été construit. On montre une serre transparente, éclairée à l'intérieur. Puis on couvre la serre avec des volets. Enfin, on enlève les volets et la serre est pleine de roses, d'où sort peu à peu un être vivant, toi, par exemple...

— Moi, je?...

— Bien sûr. N'importe qui!

Elle levait vers lui son visage fripé; un lourd parfum sortait de sa robe de chambre qui lui découvrait une épaule. Doutre s'assit, les jambes molles. La tête lui tournait un peu. Il regardait sans comprendre les dessins, les silhouettes indiquées en pointillé. Odette l'observait toujours.

— Mon Dieu! soupira-t-elle, que c'est beau d'être aussi naïf!

Elle lui entoura le cou de son bras où cliquetait un bracelet garni de multiples breloques.

— Tu ne m'en veux pas trop? demanda-t-elle. Tu ne réponds pas... Tu es un petit mâle féroce, n'est-ce pas?... Plein de secrets, de détours, de rancunes. Et moi, je suis une vieille folle... Mais je t'apprendrai, tu verras. Ludwig est une brute. Ne l'écoute pas. D'ailleurs, il va bientôt partir... Pour commencer, je te coifferai autrement... Et puis, je t'habillerai à mon goût. Tu me fais de la peine avec ce blouson. Et ce soir, je parlerai aux filles... Si elles ne sont pas trop bêtes, je crois que... Oui... tu allais dire quelque chose?

Doutre baissa la tête et fit semblant d'étudier le plan de la fenêtre hantée.

— Ludwig... murmura-t-il... Qu'est-ce qu'il fait ici?

Il y eut un silence à peine troublé par le cliquetis des breloques. Odette retira sa main.

— Tu n'as pas encore vécu, dit-elle. Alors ne pose pas de questions.

Elle se leva, tapota sa robe de chambre, se donna un coup de peigne, au jugé, puis fouilla dans le buffet.

— Un doigt de schnaps? Allez, c'est oui... Tu en as besoin.

Doutre rangea les feuilles dans le carton à dessin.

— Papa... commença-t-il.

— Non, je t'en prie, dit Odette, ça suffit. D'abord, un garçon de vingt ans n'a plus ni père ni mère, tu comprends? Il doit savoir se débrouiller seul.

— De quoi est-il mort? insista Doutre.

— D'une crise cardiaque... C'était quelqu'un, tu sais.

Elle buvait l'alcool à petits coups, les yeux vagues; sa voix grave devenait poignante, quand elle prenait ainsi le ton des confidences.

— Il était fatigué, depuis longtemps... Tu as sans doute compris que nous ne nous entendions pas très bien... S'il avait voulu se laisser soigner... Il faisait un numéro assez difficile, celui de la corde. On l'attachait sur une chaise...

Malgré lui, Doutre ricana.

— Et il se détachait tout seul.

Odette, sans cesser de mirer son verre, hocha la tête.

— Petit imbécile, murmura-t-elle... Oui, il se détachait tout seul. Mais il n'y a pas plus de cinq ou six artistes au monde qui sachent faire cela aussi bien... Si tu l'avais vu travailler!...

Elle reposa son verre, violemment.

— Bon, il est mort, dit-elle. Qu'est-ce que tu veux savoir encore?

— Rien.

Odette changea de voix. Elle fut soudain la femme vulgaire du cimetière.

— Nous sommes en train de nous engueuler, ma parole! Vide ton sac, va. J'aime mieux ça. Ton père, lui, ruminait ses colères pendant des mois. Il te reservait deux, trois ans plus tard, des mots qu'on s'envoie, comme ça, sans trop y penser, quand on n'est pas d'accord. Ce n'est pas mon genre.

Elle s'approcha, prit Doutre par le cou, le secoua.

— J'ai eu des torts; je le sais mieux que toi. Mais si mon idée marche... Allez, va trouver Ludwig... Et applique-toi... Et puis, tâche de sourire un peu... Quand on a cette bouche!... On ne t'a donc jamais dit, dans ton collège, que tu es joli garçon?

Doutre n'avait pas la moindre envie de sourire. Il ne songeait qu'à se libérer de cette main qui pesait sur sa nuque comme un joug.

Ludwig l'attendait dans la roulotte au matériel, en fumant un cigare. Vladimir avait repoussé les décors et les accessoires au fond de la voiture, et il était en train de monter un petit projecteur.

— Enlève ta veste, dit Ludwig. C'est un travail qui donne chaud. Fais-tu de la culture physique?

— Un peu.

— Tu en feras une heure tous les matins. Vladimir, la lampe.

Vladimir alluma le projecteur.

— Toujours beaucoup de lumière, expliqua Ludwig. Il faut aveugler le spectateur. Vladimir, la panière!

Vladimir traîna devant Ludwig une panière, renforcée par des courroies.

— Tu vas te fourrer là-dedans, dit Ludwig.

— Je crois que ce ne sera pas difficile, fit Doutre, sèchement.

Ludwig souriait en ouvrant le couvercle de la panière.

— Il y a un double fond... Ça m'étonnerait que tu réussisses du premier coup.

Doutre s'accroupit; le couvercle ne fermait pas. Il essaya de se cacher sur le côté, de ramener ses jambes sur sa poitrine. Ludwig souriait toujours et, d'un battement du petit doigt, chassait la cendre de son cigare. Doutre se rétrécissait de plus en plus; son dos craquait. Il étouffait.

— Encore! dit Ludwig. Encore!

Mais Doutre, comprimé de partout, éclatait. Il se releva, moulu, des crampes dans les mollets, le dessin de l'osier imprimé sur sa peau.

— Ça va, maugréa-t-il.

— Mauvais caractère? dit Ludwig.

— Non, mais c'est un truc idiot. Vous voyez bien qu'on ne peut pas tenir là-dedans.

— Moi, j'y tiens. Et tu y tiendras quand tu seras moins raide. Vladimir, les anneaux!

C'étaient des anneaux de jonc, grands comme des assiettes. Ludwig en lança deux, trois, quatre au-dessus de lui, jongla une minute avec une désinvolture insultante, puis cria :

— Attrape!

Doutre rata le premier, saisit le second, le troisième, reçut le quatrième sur le front.

— Pas de réflexe, conclut Ludwig. Un quart d'heure d'anneaux tous les soirs. Relève tes manches.

Vladimir, assis sur le lit, mâchait de la gomme, les mains pendantes. De temps en temps, il s'essuyait le nez avec son coude. Ludwig sortit une pièce de sa poche.

— Elle est en plomb. Vingt grammes. C'est le meilleur poids. Ouvre ta main droite... Là... Essaye de coincer la pièce entre la base du pouce et le petit doigt. Bon. Remue les autres doigts, comme si ta main était vide.

La pièce roula sur le plancher.

— Je ne suis bon à rien, grommela Doutre.

— Oh! un peu de patience. Tu n'as pas les mains assez musclées, c'est tout. Tu manipuleras de petits haltères, pendant une quinzaine. Après, ça ira! Et puis, tu n'auras qu'à t'entraîner tout le temps, avec ton dollar. Question d'habitude.

D'une chiquenaude, il projeta la pièce tournoyante en l'air, la reçut sur le plat de la main.

— Regarde, je l'empaume, je ferme les doigts de la main gauche, je fais semblant de tenir mon poignet droit. Hop, la pièce glisse. La voici.

Elle avait changé de main et elle disparut, tandis que Ludwig remuait ses doigts délivrés.

— Où est-elle ? demanda-t-il.

— Je ne sais pas.

Émerveillé, Vladimir avait cessé de mâcher.

— Elle est toujours là, expliqua Ludwig. Dans le creux de ma main droite... Une contraction de la paume, et elle vient entre le pouce et l'index.

La pièce surgit, au bout des doigts réunis. Vladimir se remit à ruminer.

— Je n'y arriverai jamais, murmura Doutre.

— Ça vient vite, au contraire. Ce qui est difficile, c'est de travailler en regardant le public, en bavardant. Il faut des bras très souples, des poignets en duvet, des mains comme du vent. Mais tu es son fils, non ! Et lui, si tu l'avais vu... Rhabille-toi. Je vais te montrer les accessoires. Ça, c'est un costume de scène.

L'habit revêtait un mannequin. Ludwig souleva les pans.

— Des poches invisibles, annonça-t-il négligemment. Devant, sous le gilet, il y a une autre poche. On peut y cacher un lapin. Ces crochets de support agrafés au pantalon servent à dissimuler des boules, des œufs...

— Mais le public...

— Le public ne voit rien. Pars bien de cette idée que le public vient pour être dupe. Tu peux lui faire croire n'importe quoi, au public. Il est idiot, le public... Ici, les guéridons... Des doubles fonds partout, naturellement... La cafetière magique... Elle verse tout ce que tu désires, de la bière, du lait, du whisky, et même du café.

Il cracha un brin de tabac d'un air dégoûté et décoiffa la cafetière.

— Pas malin; il y a des compartiments étanches et des tuyaux souples que tu manœuvres avec la poignée.

— Et cette grosse boule? demanda Doutre.

— Une idée à Odette. La boule monte et descend à volonté le long d'un plan incliné. Elle fonctionne grâce à cette batterie d'électro-aimants que l'on commande de la coulisse.

— Tout est truqué! murmura Doutre.

— Voilà! Tu l'as dit! éclata Ludwig. Tout ce qui est là, c'est du toc, du flan, du bidon. Les épées?...

Il s'empara d'un fleuret et tira au mur, la lame traversa la cloison.

— Hé, attention! cria Doutre.

Ludwig se redressa et jeta la poignée de l'arme sur le plancher avec mépris.

— N'aie pas peur. La lame est télescopique. Elle se replie dans le manche. Et tout le reste, c'est la même chose. Il n'y a que ça de sympathique.

Il releva un morceau d'étoffe qui cachait une cage, et sa main se faufila, couvrit un oiseau, le retira tout palpitant, une aile traînante.

— Donne ta main.

La tourterelle piétina doucement cette main inconnue, pivota, les ailes déployées en balancier; une mince peau se fermait rapidement devant son œil rond. Elle avait l'air étonnée, sans défense, et Doutre, malgré lui, avança les lèvres, posa sa bouche sur le col tiède tandis qu'un battement de plumes lui frappait le visage d'un délicat coup d'éventail.

— L'autre est pareille, dit Ludwig. Il est impossible de les reconnaître.

Doutre fit rentrer l'oiseau dans la cage et il considéra pensivement les deux tourterelles prisonnières. Il entendit Ludwig, derrière lui, qui crachait avec dégoût et grommelait, de sa voix morte.

— Et encore... même elles... elles sont truquées.

— Je croyais, dit Doutre sans se retourner, que c'était votre métier.

— Moi? cria Ludwig. Tu ne m'as pas regardé. Je suis jongleur, moi. Je ne triche pas. Il y a de quoi devenir cinglé à vivre là-dedans. Ça ne m'étonne pas que ton père...

Doutre lui fit face.

— Quoi, mon père? Il est mort d'une crise cardiaque.

Ludwig réfléchissait, fixant le bout de son cigare.

— Qu'est-ce qui prétend le contraire? dit-il. Allez, petit, au travail. Si tu as besoin de quelque chose, demande à Vladimir.

Et Doutre, pour la première fois, se mit à travailler. Le matin, il se levait à six heures, comme au collège. Il donnait du grain aux tourterelles, ouvrait la lucarne de la roulotte. L'air mouillé de mars entrait, avec un relent d'écurie, de paille fraîche. Torse nu, Doutre faisait de la gymnastique; il se traitait en ennemi, recommençait jusqu'à l'essoufflement les mouvements les plus pénibles. Parfois, il restait étendu, vidé, puis il pensait aux jumelles et il tirait la panière, se glissait dedans, s'aplatissait, s'enroulait sur lui-même, surveillant le couvercle qui, de jour en jour, s'abaissait un peu plus. Une serviette éponge autour du cou, il traversait le trottoir et allait se laver au lavabo du music-hall; il entendait les chevaux souffler, gratter du sabot. C'était le meilleur moment. Doutre aimait ces odeurs violentes, ces bruits de ferme. Il aimait le café de Vladimir, qu'il buvait au bar, dans le promenoir désert. Vladimir clignait de l'œil d'un air interrogatif. Doutre trempait ses lèvres dans la tasse, levait le pouce. Vladimir souriait largement et se passait la main sur l'estomac, à plusieurs reprises. C'était leur conversation du matin. Ensuite, Doutre consacrait une demi-heure au maniement de petits haltères. Il les lançait, les rattrapait, main droite, main gauche, main droite Ses paumes devenaient brûlantes. Des veines saillaient sur le dos de ses mains. Il s'accordait un bref répit, fumait une cigarette. Dans la roulotte voisine, Odette s'éveillait. Ludwig aussi. Doutre les entendait chuchoter. Il ne bougeait plus. Il avait envie de pleurer. Les tourterelles s'agitaient; leurs ailes claquaient; des duvets volaient. Machinalement il cherchait son dollar et commençait à le faire sauter. Il lui arrivait d'oublier le sens de ce geste et il contemplait sans comprendre l'aigle perché ou le profil rustique de la femme appelée *Liberty*. A huit heures, Ludwig s'en allait, un cigarillo entre les dents. Doutre entrait dans la roulotte.

— Voilà mon bouledogue, lançait Odette. Tu pourrais dire bonjour.

Elle n'en finissait plus de s'étirer, de bâiller, pendant que Doutre lui préparait son chocolat, puis elle passait derrière un paravent et faisait dix minutes de culture physique. Doutre l'entendait qui soufflait, grognait, geignait. Il beurrait les tartines. Elle criait, par-dessus le paravent.

— Parle... Dis quelque chose! Si tu crois que ça m'amuse, cette garce de gymnastique.

Elle surgissait en nage, les pans de sa robe de chambre flottant sur ses cuisses marbrées et se mettait tout de suite à table.

— C'est idiot, disait-elle, la bouche pleine. Plus je m'entraîne pour maigrir, et plus j'ai faim.

Elle faisait durer le repas, s'amusait à rouler une cigarette d'une seule main. Elle riait, d'un rire de gorge qui immobilisait Doutre.

— Je ne devrais pas, confessait-elle. Je mange trop, je fume trop. Je fais tout ce qui est défendu. Ah! puis merde! S'il fallait écouter les médecins!

Elle baissait la voix, passait aux confidences.

— Je n'ai pas toujours été une vieille catin, tu sais.

Et elle ouvrait le coffret aux fantômes, comme elle l'appelait. Il débordait de photos et de coupures de presse. Elle fouillait la paperasse, d'un index crochu comme une patte.

— Tiens!... *Le Berliner Tageblatt*... *Le Daily Mirror*... *Le Figaro*...

Les articles étaient entourés de rouge ou de bleu. Les photographies se ressemblaient toutes, floues, avec des reflets crus qui empâtaient le visage. Odette apparaissait en bayadère, en sultane, en marquise, en señorita. Sourcils froncés, Doutre jetait un coup d'œil rapide. Odette grattait toujours, dans le coffret, puis demeurait longtemps, une coupure entre les doigts, remuait les lèvres.

— Tout ça va changer, murmurait-elle enfin... Puisque les petites sont d'accord!

Doutre lavait la vaisselle. Odette, assise sur le parquet, un crayon à la main, travaillait, parlant à mi-voix.

— Un récital... Un spectacle complet avec trois ou quatre parties bien liées... C'est ce que ton père n'a jamais voulu comprendre... Une pantomime, du théâtre, quoi, avec des changements de décors, des effets spéciaux... La manipulation ne suffit plus, aujourd'hui.

La journée passait. Ludwig enseignait à Doutre à se servir des accessoires, ou bien Doutre s'exerçait seul, sous la surveillance de Vladimir. Il évitait de regarder la corde avec laquelle on avait, pendant longtemps, lié le professeur Alberto. Elle était roulée en huit, avec un nœud qui la serrait, au milieu. Il lançait le dollar, l'empaumait, faisait semblant de le cacher dans sa main gauche, ouvrait la droite... Vladimir secouait la tête, applaudissait.

— Remarquable, disait-il, en roulant doucement l'r. Vladimir trouve remarquable.

Mais ce n'était pas remarquable du tout. C'était même très mauvais. Doutre se critiquait avec acharnement, recommençait, finissait par s'injurier, les mâchoires serrées, les lèvres retroussées sur les dents. Alors il s'asseyait auprès de Vladimir, lui offrait une cigarette. Il essayait, parfois, de l'interroger. D'où venait-il? Avait-il toujours fait ce métier? Vladimir serrait ses mains, les balançait entre ses genoux.

— Pas souvenir, disait-il... Guerre... Très méchant.

Au fond de la roulotte, il avait un établi; il construisait, avec une adresse stupéfiante, de menus objets dont Odette avait dessiné les plans.

— Pourquoi ne fais-tu pas de la prestidigitation avec nous? lui demanda Doutre. Adroit comme tu es!

Le front de Vladimir se plissa, ce qui amena d'un brusque mouvement de bascule ses cheveux au ras de ses sourcils.

— Défendu, expliqua-t-il enfin... Vladimir... peur.

— De quoi as-tu peur? Tu sais bien comment toutes ces choses sont faites! C'est toi qui les fabriques.

Vladimir s'essuya le nez, fixant sur Doutre ses prunelles troubles.

— Méfiance! dit-il.

La plupart du temps, ils restaient silencieux l'un près de l'autre. Doutre attendait le soir, la représentation, la récompense. Dès huit heures, il traînait dans les coulisses, s'arrêtait au seuil des loges où les artistes se maquillaient. Il écoutait, de l'autre côté du rideau, la marée montante des voix, des rires, des cris. Le spectacle de la salle à demi obscure, avec tous ces visages, tous ces yeux, toutes ces haleines... il se penchait au bord du décor, comme aspiré par un gouffre; il haletait d'angoisse. Les cuivres éclataient; la foule se balançait vaguement, comme une énorme bête ronronnante. Chaque soir, c'était la même nausée, la même panique. Alors il se glissait dans le promenoir jusqu'à l'escalier des deuxièmes galeries. Perdu dans un flot de marins, de filles, d'étrangers de tous pays, il montait au poulailler, s'installait où il pouvait et, devant la scène illuminée, éprouvait une nouvelle terreur. Il se voyait là-bas, tout seul, offert aux plaisanteries et aux sifflets. Ses mains devenaient moites. Et puis, le rideau se levait et il entrait, les yeux mi-clos, dans son rêve. Les jumelles saluaient. Il oubliait tout. Ses regards allaient de l'une à l'autre, et il s'émerveillait de ne pouvoir les reconnaître. De loin, à travers la fumée des cigarettes, il n'apercevait que deux têtes blondes identiques, deux corps tellement semblables que l'un n'était plus que le reflet de l'autre. Leur numéro avait été conçu pour mettre en vedette cette ressemblance presque inquiétante. L'une des sœurs feignait de se mirer dans une glace indiquée par un simple cadre de bois et l'autre répétait ses mouvements, comme une image réfléchie par le miroir. Tout de suite, Doutre était pris, et quand Hilda — mais c'était peut-être Greta — traversait le miroir magique pour rejoindre son double, il se sentait délivré d'un obscur fardeau. Le reste du spectacle ne l'intéressait pas. Il redescendait, le pas mou; et la musique le poursuivait à travers un brouillard. Il suivait le promenoir, une main au mur, jusqu'aux loges. Les filles se changeaient, porte ouverte, et il les découvrait, côte à côte, à demi nues, encore plus identiques, avec leurs rires clairs qui se faisaient écho. Il les détaillait sans pudeur, comme on regarde des poupées dans une vitrine. Elles avaient des yeux de poupées, brillants de vie mais en surface, des yeux d'une matière mystérieuse, qui étaient beaux comme des bijoux; aucune pensée ne les ternissait. Leurs voix semblaient également privées d'expression. Elles prononçaient des mots incompréhensibles qu'elles ne comprenaient peut-être pas très bien elles-mêmes. Doutre, une épaule contre la porte, les mains dans les poches, les regardait. Ce n'étaient pas des filles-fées, mais des filles-jouets, peintes à ravir, blanches et roses dans leurs dessous attrayants; elles se rhabillaient avec les mêmes gestes, tant elles avaient l'habitude de travailler ensemble. « C'est un conte », pensait Doutre; mais non, ce n'était pas un conte puisqu'il avait envie, brusquement, de les serrer toutes les deux contre lui, de plonger son front, ses joues, dans l'écume voltigeante de leurs cheveux. Alors, il se retournait lentement, comme un blessé, cherchait du regard le porche où se pressaient les artistes qui allaient se produire; il voyait confusément des clowns, comme des losanges pailletés, les sourcils frisés en accroche-cœur, des augustes portant des cravates à pois larges comme des ailes, l'équilibriste sur son vélo d'enfant, l'écuyer en général d'Empire, et sa mère en marquise, les seins rangés l'un près de l'autre dans un rucher de dentelle, une mouche près de l'œil, jouant de l'éventail.

— Où vas-tu? lui demandait-elle.

— Je rentre, murmurait-il. Je vais travailler.

Il grimpait dans la roulotte, s'asseyait au bord de son lit, le lit où le professeur Alberto était mort. Il attendait. « Ce n'est rien, songeait-il. Ça va passer. Je vais me réveiller. » Souvent, il s'effondrait sur le flanc, et dormait d'une traite jusqu'au matin. Quand il se réveillait, il savait que sa vie, sa vraie vie, ne commencerait qu'à la fin du jour. Six heures. Il donnait du grain aux tourterelles.

Ses progrès furent rapides. « Tu dois tenir de lui », disait Odette. Et Ludwig avouait parfois :

— Tu m'épates, petit. Tu m'épates.

Il lui arrivait de penser au cimetière, mais il n'avait pas le temps de s'éloigner du music-hall. Après la pièce de monnaie, c'étaient les boules. Après les boules, c'étaient les cartes. Ses mains seules réfléchissaient, combinaient; elles devenaient adultes sous ses yeux qui ne voyaient que les deux sœurs. De temps en temps, il revêtait l'habit de son père et se contentait de marcher avec précaution, le dollar serré dans sa main.

— Alberto pas mort! plaisantait Vladimir.

— Tais-toi, ordonnait Doutre. C'est sérieux.

Odette, bientôt, organisa les premières répétitions du nouveau spectacle. La roulotte aux accessoires fut provisoirement interdite à Doutre, parce qu'Odette tâtonnait encore, n'était pas sûre de ses effets. Hilda et Greta, un peu après le déjeuner, arrivaient avec des mines affairées. Elles s'enfermaient en compagnie d'Odette et de Ludwig. Ludwig n'avait pas l'air très enthousiaste. Odette rudoyait tout le monde. Vladimir nettoyait le moteur de la vieille Buick.

— A la fin du mois, confia-t-il à Doutre. Tous les cinq...

Et il frappa son bras droit du tranchant de sa main gauche, à plusieurs reprises.

Doutre ne tarda pas à être mis dans le secret, car il avait, lui aussi, un rôle à tenir. Odette dirigeait le travail, ses grosses lunettes d'écaille sur le nez, les mains encombrées de paperasses, et elle lançait le coup de gueule comme un contremaître.

— Eh bien, dit-elle, comment trouves-tu ça?

Doutre était trop bouleversé pour répondre.

— J'en ai plein mes bottes, dit Odette, mais je crois qu'on va entendre parler de nous.

La caravane se mit en route, au début d'avril. Elle se rendait à Bruxelles.

IV

A l'entracte, la partie était déjà gagnée. Les journalistes se pressaient dans la loge où Odette se rhabillait. De tous côtés, on lui posait des questions. Cigarette
aux lèvres, elle répondait froidement, pesant ses mots
avec soin.

— Qu'est-ce qui vous a donné l'idée d'un pareil
spectacle? cria un reporter de *La Libre Belgique*.

— Je lis beaucoup de romans policiers, expliqua
Odette, tandis que les crayons couraient sur les
blocs-notes; j'ai pensé qu'il serait amusant de lier
une série de numéros en une sorte de récit et de
présenter un petit drame mystérieux...

Elle avait dû rédiger son texte mais elle le récitait
adroitement, hésitant quand il le fallait, comme si
elle improvisait.

— L'erreur de la plupart des illusionnistes, conti-
nuait-elle, c'est de passer d'un numéro à l'autre,
de fragmenter la représentation, vous voyez ce que
je veux dire? Pour réunir tous ces morceaux séparés,
ils parlent beaucoup, ils parlent trop... Moi, j'ai
supprimé le boniment. Tout est mimé.

— Vous avez fait du cinéma avec de la prestidigitation, dit un journaliste du *Soir*.

— Si vous voulez, oui, c'est à peu près ça.

Elle peignait ses cheveux courts, enfilait la veste noire de son tailleur. Un flash la fit grimacer. Elle mit ses lunettes d'écaille qui la faisaient ressembler à un businessman.

— Cette fille qui travaille avec vous, Annegret?... interrogea l'envoyé du *Telegraaf*.

— C'est une orpheline. Je l'ai trouvée en Allemagne.

— Elle a l'air bien, s'écria quelqu'un. Et le garçon?

— C'est mon fils, répondit Odette, en souriant. Il a un trac fou, mais ça, ne l'écrivez pas, hein! Il n'y a pas très longtemps qu'il travaille.

La sonnerie annonçant la fin de l'entracte retentit.

— Je vous accompagne, dit Odette. Je ne parais pas dans la dernière partie. Précisez bien que cette partie est jouée seulement par Annegret et Pierre. Ça les encouragera et ils le méritent.

Elle passa la première; ils la suivirent, impressionnés. Déjà, le rideau se levait et le public applaudissait de confiance. Odette s'assit au premier rang, parmi les journalistes.

Une pièce luxueuse. Aux murs, des tapisseries anciennes. Une horloge sonne trois coups. La scène est à peine éclairée. Dans le château, tout le monde est endormi. Soudain, un léger grincement. Une porte s'entrouvre. Le pinceau d'une lampe électrique court sur les tapis, bondit de meuble en meuble. Entre sans bruit une forme noire. C'est une femme, en tenue de rat d'hôtel. C'est Annegret. On jurerait qu'elle est nue, dans ce maillot noir qui brille doucement comme une peau. Des sifflements d'admiration retentissent au poulailler. On entend un bruit de baiser et une rapide rumeur de protestations. Le silence revient, si profond que le vacarme assourdi du boulevard est un instant perceptible. La jeune fille s'approche d'une vitrine où étincellent des bijoux, des pièces d'argenterie. Rapidement, elle fracture la serrure, et glisse son butin dans un sac suspendu à son cou. En un clin d'œil, la vitrine est vide, mais le sac n'a pas augmenté de volume. La jeune fille s'attaque à une seconde vitrine. La salle, souffle suspendu, surveille ses moindres gestes. Elle a posé sa lampe sur une console et l'on voit très distinctement ses mains gantées de noir. Elles saisissent délicatement les bibelots et ils s'évanouissent un à un dans le sac.

— Prodigieux! murmure un journaliste à l'oreille d'Odette.

Mais la voleuse est pressée. Elle ouvre plus largement la gueule du sac et fait tomber dedans, en vrac, tous les objets de la vitrine. On commence à rire, çà et là, nerveusement. La jeune fille promène maintenant le rayon de sa lampe autour d'elle. Une pendulette, sur la cheminée. Elle ne va tout de même pas... Un geste et il n'y a plus de pendulette. Le sac est toujours aussi plat. D'un coup, les applaudissements éclatent, s'enflent, gagnent comme un feu l'orchestre, les loges. Là-bas, la voleuse se dépêche. Ce n'est plus un cambriolage, c'est un déménagement. Les livres précieux, hop, disparus... Les vases de Sèvres, dans le sac au néant. Elle court silencieusement, à droite, à gauche. Soudain, le lustre s'allume. Les applaudissements, coupés net, s'interrompent. Le jeune châtelain, en robe de chambre, vient d'entrer. La voleuse, surprise, recule lentement devant lui, et l'on ne peut s'empêcher d'admirer sa poitrine audacieuse, la ligne suggestive des longues jambes, le frémissement des hanches. On a oublié le sac. On ne voit plus que la jeunesse flamboyante de la fille. Odette a calé son menton sur son poing. Elle regarde Pierre. Il tend à demi les bras vers sa partenaire. Odette sait bien ce que signifie ce geste, et pourquoi le front de Pierre commence à luire. L'imbécile!... La voleuse veut fuir. Il la rattrape, lutte avec elle.

— Tiens-la bien! crie une voix dans les hauteurs de la salle obscure.

Le voisin d'Odette se penche vers elle.

— Je crois que la recommandation est superflue! souffle-t-il.

Odette hausse les épaules. Mais Pierre a saisi une corde, et il attache solidement la jeune fille sur une chaise. Alors, très lentement, il rapproche son visage du visage de la prisonnière. Ses lèvres effleurent celles de la belle captive, et la salle soupire confusément. Odette déchire son programme par menus fragments, minces comme des lanières.

— Il exagère, grogne-t-elle.

— Ce n'était pas prévu? demande le journaliste.

Odette sursaute, toise l'importun.

— Bien sûr que si. Ça le dope. Pendant ce temps, il ne voit pas le public.

Elle regarde le couple qui lutte. La jeune fille vient de repousser le châtelain. Miracle. La corde a glissé à terre. Il brandit une paire de menottes dont les mâchoires claquent, en se refermant. Peine perdue. D'un geste, elle s'est délivrée. Elle va s'enfuir, disparaître. Le garçon sort un revolver de sa poche. La voleuse s'immobilise, mais, de tout son buste rejeté en arrière, elle se refuse. Les mouvements sont si justes, les mimiques si parfaites, qu'on oublie qu'il s'agit d'un jeu. On sent le trouble de l'homme frustré. Il ouvre rageusement un placard, en tire une panière dont il soulève le couvercle. La jeune fille a compris, mais elle ne cède pas. Elle préfère se recroqueviller dans la panière dont le châtelain ferme à clef les serrures. Il sourit d'un air cruel, choisit parmi les épées d'une panoplie la plus longue, dont il fait plier la lame. Odette commence à perdre patience.

— Ça traîne! Ça traîne! murmure-t-elle.

Pierre introduit la pointe de son arme entre deux fibres d'osier et, d'une brutale pesée de l'épaule, il enfonce. Un gémissement. Des soubresauts agitent la panière. Mais ils cessent vite. Pierre retire la lame, rouge de sang, et un cri d'horreur s'étouffe dans la salle, suivi d'une flambée d'applaudissements. Derrière le jeune homme, la voleuse vient d'apparaître, habillée d'une ravissante robe de soirée. Comment a-t-elle pu s'échapper de la panière, changer de costume en une seconde? Mystère. Mais c'est bien la même jeune fille, blonde, souriante, innocemment lascive. Tout le monde l'a reconnue, car tout le monde la désire. Elle a surgi près de l'homme, semblable à un rêve d'amour inaccessible. Les journalistes, tous à la fois, s'interpellent : « Fantastique!... Sensationnel!... » Odette seule ne bouge pas.

D'un élan, le châtelain se jette sur la proie insaisissable. Va-t-il l'étrangler? Point. La fille vient de tomber en catalepsie. Elle s'abandonne entre ses bras, rigide, encombrante, et il tourne sur lui-même, abasourdi, ne sachant plus que faire de ce corps qui ressemble soudain à une planche. Le public le conspue, prend parti, dans une explosion de rires et de sifflets. Pierre dépose son fardeau sur un divan, jette sur lui une couverture et décroche le téléphone. Il parle très vite, à voix basse. Il demande probablement du secours, puis il revient vers le divan, le visage soucieux.

— Elle s'est barrée! lance quelqu'un.

Les épaules de Pierre se voûtent. Il saisit un coin de la couverture. Odette entend, autour d'elle, la salle qui respire au même rythme.

— Qu'est-ce que t'attends? crie la même voix.

Pierre arrache la couverture. Il n'y a plus personne, ou plutôt si. La fausse morte est debout, près de la porte, habillée en amazone, un chapeau coquin posé sur l'oreille, une fleur aux dents, et c'est un écroulement de bravos.

— Compliments! s'écrie l'un des journalistes. C'est du tonnerre.

— Oui... Oui... murmure Odette d'une voix brouillée.

Trois coups de feu claquent, et le bruit cesse. Le châtelain vient de tirer, à bout portant. La belle vacille, tombe sur un genou. Du sang sort de sa bouche. Elle s'effondre sur le côté. Cette fois, il n'y aura plus de coups de théâtre. C'est la fin. Pierre soulève le cadavre, l'enferme dans le placard, s'essuie les mains. Mais voici que le placard s'ouvre lentement. La jeune fille apparaît, en robe de bal, toute blanche. Elle agite un éventail. Elle est si belle, si surnaturelle, qu'une sorte d'angoisse fige les spectateurs. C'est elle qui marche à la rencontre du jeune homme et c'est lui qui a peur. Il recule, s'affole, se jette sur les portes, les ferme et empoche les clefs, au fur et à mesure. Un dernier regard. L'apparition est toujours là, fascinante, presque dramatique. Il se précipite dehors, claque la dernière porte, dont on entend grincer la serrure. Il a enfermé son amour. Le fou! Est-ce que l'amour se laisse capturer?

La fille, souriante, ramasse la corde tombée au pied de la chaise. Elle l'apporte en tas tout près de la rampe et agite son éventail au-dessus d'elle. Des gens se dressent. On crie : « Assis! Assis! » La corde a tressailli. Au souffle de l'éventail, elle se soulève, comme un mince reptile balançant sa tête au gré de l'enchanteur. Elle se dresse. L'éventail semble hâter son déploiement. Elle monte, toute droite.

— La corde indienne! dit un journaliste.

Odette incline la tête. La corde se déroule, anneau par anneau, et la jeune fille commence à se dévêtir. Strip-tease très chaste. On comprend qu'elle se déshabille pour pouvoir monter et s'enfuir. Pourtant, le silence se creuse encore. Les vêtements tombent, un à un. La corde se tient debout, inexplicablement. Une musique langoureuse, en sourdine, joue une valse viennoise. Un projecteur pose une buée bleue, une mystique teinte de vitrail sur le corps splendide de l'actrice, tandis que les lumières baissent et que la scène est envahie d'ombre. Elle est debout, orgueilleusement, devant un millier de spectateurs. D'un geste lent, elle jette son éventail qui rebondit; elle saisit la corde, s'enlève. Elle est déjà à mi-hauteur, forme immatérielle, vision irréelle. Tous les visages, d'un seul mouvement, ont suivi son ascension et la musique éveille on ne sait quels regrets. On voudrait retenir la silhouette qui, là-haut, se penche une dernière fois, tend le bras en un geste d'adieu. Un violon gémit. La corde frémit. Le silence devient insupportable. Et puis la corde tremble, le violon se tait, l'incantation cesse. Quelque chose traverse l'air en sifflant. La corde est retombée. Les yeux cherchent encore la femme disparue. La salle n'ose pas encore respirer. Tout à coup, la porte est vivement secouée. Le châtelain entre, suivi d'un gendarme. Alors la réaction se produit, irrésistible. On hurle, on lève les bras. Le gendarme se précipite, soulève les vêtements abandonnés. Deux tourterelles s'envolent, tournoient autour des deux hommes stupides. On applaudit, pendant que le gendarme, furieux, empoigne le châtelain et l'entraîne. Le rideau tombe, se relève. Les spectateurs, debout, acclament Pierre et sa partenaire. On les rappelle. Ils saluent gauchement. Ils ont, sous le feu des herses et des projecteurs, des visages d'enfants. Ils veulent se retirer. Les cris redoublent. Odette sort discrètement et va s'enfermer dans sa loge. Elle marche de long en large, allume une cigarette, écoute déferler, au-delà des murs, le succès qu'elle a voulu, de toutes ses forces. Elle sait que demain elle aura des offres pour la France, l'Angleterre, l'Europe. Elle sent que la fortune est à sa portée. Les applaudissements, elle s'en moque. Ce n'est pas cela qui compte!...

On frappe. Des fleurs, déjà! Des bouquets, des corbeilles. Des têtes, entrevues dans le couloir, des gens dressés sur la pointe des pieds. Pourvu que tout n'aille pas rater pour une imprudence, un mot malheureux, une allusion! Ah! les voilà enfin! Elle entre la première. Pierre, sur le seuil, agite ses mains jointes au-dessus de sa tête, pour remercier le groupe des admirateurs. Il se retourne. Il est transformé. Odette connaît ce regard trop brillant, ce sourire un peu tremblant, ce rayonnement égaré de tous les traits. Il vient de perdre la virginité honteuse du comédien. Il vient, pour la première fois, de faire l'amour avec la foule et il éclate d'orgueil. Sa jeunesse triomphante fait mal. Une bizarre tristesse prend Odette aux reins, au cœur.

— Ferme la porte, ordonne-t-elle.

Sa voix est si dure que Pierre se cabre.

— Quoi? Qu'est-ce qu'il y a de cassé?

— Rien pour le moment. Où est l'autre?

Elle dit l'autre parce qu'elle ne se rappelle plus si c'est Hilda ou Greta qui est obligée de se cacher.

— Dans sa loge, répond Pierre placidement.

— Je m'en doute... Mais si quelqu'un l'entend, hein?

Elle attrape la jeune fille par le bras, lui crie dans la figure une longue phrase en allemand.

— Ça suffit! dit Pierre. Qu'est-ce que tu as?... Pourquoi veux-tu qu'il arrive quelque chose?... Vladimir monte la garde, sans en avoir l'air. Et Greta s'habille en silence. Alors?

Odette allume une nouvelle cigarette, écrase le mégot d'un coup de pied.

— Oui, bon. J'ai tort. Seulement tu n'as pas l'air de comprendre que nous sommes à la merci de la moindre imprudence. C'est terriblement dangereux ce que nous faisons.

— Dangereux?... Tout le monde est persuadé que je n'ai qu'une partenaire. On l'a vue durant toute la première partie.

— Parlons-en de ta partenaire! crie Odette. Qu'est-ce que c'est que cette façon de se bécoter, de rouler des yeux blancs, de se peloter en scène?

Pierre montre la jeune fille du menton, et Odette blêmit.

— Elle ne comprend pas. C'est une gourde! Mais il faudra qu'elle comprenne, elle aussi. Je ne veux pas d'improvisation... Ma parole, tu as le béguin pour cette sainte Nitouche! Écoute, mon petit Pierre. Hors du travail, tu es libre. Mais, pendant le travail, pas de sentiment. C'est ça, le métier!

Hilda sent les bouquets, les uns après les autres, et rit aux anges. Odette secoue Pierre.

— Veux-tu me dire ce qui t'a pris?

— Je ne sais pas. Je n'avais plus bien ma tête à moi... Si elle n'avait pas été attachée, je n'aurais pas osé...

Odette l'observe, d'un œil exercé. Il est bien habillé, maintenant. Ses cheveux ont un joli mouvement, au-dessus des tempes. Elle sait reconnaître, dans la courbe du menton, dans les saillies de la pommette, l'homme en train de s'épanouir, et la même crispation fugitive lui serre le ventre. Elle baisse la voix.

— C'est donc sérieux?

— Quoi?

— Toi et elle?

Il évite de la regarder, lui oppose un front buté.

— La grande passion, hein!

Elle rit, grassement, la cigarette collée à la lèvre.

— J'espère que tu ne les aimes pas toutes les deux!

Il ouvre un peu la bouche, comme s'il venait de recevoir un coup, en plein corps. Elle voit son nez qui blanchit.

— Pierre, dit-elle doucement.

Mais il fait demi-tour, d'un bloc, sort en claquant la porte. Des pétales voltigent. Odette fourre ses poings dans les poches de sa veste, puis avise la fille.

— Raus!

La fille s'en va, docile, et Odette jette derrière elle, pêle-mêle, dans le couloir maintenant désert, les bouquets qui s'éparpillent...

... Il ne fut plus question, entre Doutre et Odette, des jumelles. On avait à peine le temps de vivre, et l'on vivait comme des conspirateurs. Pendant le jour, à tour de rôle, Hilda et Greta se cachaient dans la roulotte aux accessoires, garée dans une rue latérale, devant l'entrée des artistes. Les journalistes, les employés du théâtre, le public ne connaissaient qu'Annegret, l'extraordinaire artiste aux transformations plus soudaines que celles de Fregoli. Le soir, Vladimir emportait la panière enfermant la prisonnière. C'était lui qui, avant de s'habiller en gendarme, changeait les décors, maniait les projecteurs. Nul n'avait plus accès aux coulisses. Toutes les précautions étaient prises. Pourtant, Odette, dès que l'heure du spectacle approchait, ne tenait plus en place. Elle vérifiait les accessoires, faisait fonctionner la poulie sur laquelle glissait le fil invisible qui soutenait la corde. Vladimir, perché dans les cintres, examinait une dernière fois le système d'accrochage, préparait le voile noir, dont la couleur se confondait avec la toile de fond, et qu'il déploierait, d'un coup, devant Annegret.

— Allez, madame! criait-il.

Derrière le rideau, pendant que la salle s'emplissait, Odette tournait sur elle-même, comptait sur ses doigts, répétait la liste des objets à utiliser. Et quand Vladimir, redescendu, soulevait le bâton qui allait frapper les trois coups, elle s'appuyait à un portant, sur son bras replié.

— Ils me feront crever! soupirait-elle.

Une minute plus tard, elle entrait en scène, impérieuse, le geste large, tandis que l'orchestre attaquait une marche.

Pour Doutre, la représentation, c'était l'heure de la drogue, de l'ivresse qui assomme. Dès qu'il arrivait sur le plateau obscur, dès qu'il percevait dans la sombre caverne de la salle le moutonnement des visages, le souffle profond de la foule, qui venait mourir au bord de la scène, comme une vague, il se dédoublait; il assistait, dans une sorte d'agonie, aux évolutions d'un inconnu dont les initiatives, parfois, l'épouvantaient. Ce qu'il redoutait surtout, c'était le moment du baiser. Odette, après bien des hésitations, avait toléré cet épisode imprévu, et Doutre, maintenant, était obligé d'embrasser sa partenaire. Jusqu'à la dernière seconde, il luttait, hésitait, parce qu'il ne savait pas comment Annegret allait réagir. L'une des deux sœurs fermait la bouche, essayait de dérober ses lèvres; l'autre, au contraire, haussait tout de suite sa tête, attendait, les yeux mi-clos, et il la sentait qui vibrait dans ses bras, étouffait un gémissement. Alors, malgré lui, il s'attardait et, l'aidant à se détacher, il avait l'impression de la dévêtir.

D'un effort harassant, il s'écartait, apercevait Odette, dans la coulisse, qui cherchait à se dissimuler derrière un poteau. Chaque soir, c'était la même épreuve. Il avait beau se préparer, se dire : « Cette fois, c'est celle qui ne m'aime pas! » il était toujours trompé, et découvrait sous ses lèvres une bouche fondante alors qu'il se penchait avec ennui. Bouleversé, il perdait complètement la tête. Est-ce que la belle indifférente rendait les armes? Ou bien n'avaient-elles pas imaginé ce jeu pour se moquer de lui? Laquelle était consentante? Quand il se permettait un geste un peu audacieux, dans la roulotte, la fille fronçait les sourcils. Greta? Hilda? Il posait la question, d'un air lamentable. L'autre répondait : « Annegret », et s'échappait, avec un rire qui montait comme une vocalise. Le jour, elles étaient insaisissables. Il ne pouvait s'approcher de l'une d'elles que le soir, quand la salle tout entière guettait, dans un silence suspendu. Et la scène qu'il jouait alors semblait répéter, d'une manière bouffonne, sa mésaventure quotidienne. Il avait supplié Odette de modifier le sketch.

— Tu as lu les journaux? avait dit Odette.

Ils s'empilaient sur des chaises, tous ouverts à la page des spectacles. Les titres étaient grisants : *Les Alberto font courir Bruxelles... Le couple prodige... Un défi aux lois naturelles...*

Doutre avait insisté :

— Tu peux bien supprimer la panière...

— Pourquoi?

— Ce coup d'épée... C'est laid!

— Ça te fait quelque chose?... Tu as peur de la tuer pour de bon?... C'est tout ce qu'elle mérite, cette petite grue!

Quand Odette était en colère, elle ne mesurait plus ses paroles. Mais elle avait aussi ses moments de détente. Surtout quand elle comptait les recettes, car l'argent rentrait à flot. Après le déjeuner, elle écrivait des chiffres, dans un gros agenda, en sirotant un verre d'anisette ou de bénédictine.

— Allons! Allons! Ça ne va pas trop mal.

Plantant son crayon dans ses cheveux, elle s'étirait, ajoutait en bâillant :

— On va vendre la Buick. C'est un tacot. Le standigne, petits. N'oubliez jamais ça : le standigne!

Elle signa un contrat pour l'*Electra*, de Paris. Elle s'enfermait, l'après-midi, avec des hommes qui riaient fort et fumaient des cigares. On l'appelait au téléphone, à toute heure. Elle revenait, les lunettes relevées sur le front, bougonnant toute seule. Vladimir repeignait les roulottes. Jaune et noir. Les Alberto. Cela faisait un peu cirque, mais c'était amusant de franchir une ligne de gosses pour rentrer chez soi. Amusant aussi d'être salué avec respect par les ouvreuses : « Bonjour, monsieur Pierre. » Amusant d'avoir de plus en plus d'argent en poche, de s'arrêter devant des vitrines et de penser : « Si je veux, je n'ai qu'à entrer. » Doutre savait bien que c'était le rêve qui continuait. Tout était devenu trop facile. Et tellement plus absurde qu'avant! Cette fille, enfermée jusqu'au soir dans une roulotte. L'autre — la même, d'ailleurs — se promenant quelque part, dans la ville, pour oublier sa claustration de la veille. Et dans quelques heures, les projecteurs, la nuit moite du théâtre, la prisonnière attendant, liée sur sa chaise, son baiser. Et pour finir, la corde de l'évasion, celle du professeur Alberto. Mais lui ne redescendrait jamais plus...

Doutre rôdait, le long des magasins, observant son reflet, qui était peut-être le vrai Doutre. Car où était l'envers, où était l'endroit? De temps en temps, il faisait sauter son dollar. Pile. Face. L'aigle. La Liberty. Et pour finir, il achetait six cravates, ou un Flaminaire en argent.

Il travaillait, de quatre à six. Il commençait à avoir ces mains de vent, dont avait parlé Ludwig. Aux cartes, surtout, il devenait très fort. Elles volaient entre ses doigts, comme liées entre elles par quelque fluide.

— Choisis!

Odette sortait de ses comptes et de sa paperasse, tendait sa main ornée de trop de bagues.

— Le roi! Choisis encore!

Il lui glissait toujours le même roi, bien qu'elle se piquât au jeu et le surveillât.

— Canaille! disait-elle.

Un bref instant, rien ne les séparait plus. Il souriait sans contrainte. Elle lui donnait une tape sur la joue.

— Tu verras... Paris! murmura-t-elle un jour. Si nous réussissons là-bas, nous aurons tout...

Elle s'arrêta parce que Vladimir entrait. Il venait préparer le plateau du dîner, pour la prisonnière.

— Qui est de corvée? demanda Doutre.

— Hilda.

Odette rit.

— Hilda ou Greta! Je n'arrive pas encore à les reconnaître. Ces garces-là s'amusent à nous embrouiller. Il faudrait leur tatouer un signe.

Doutre rentrait déjà dans sa coquille.

— Ne lui donne pas trop à bouffer, recommanda Odette. Aussi bien l'une que l'autre, elles ne pensent qu'à ça. Elles pourraient travailler, apprendre le français. Non. Des gâteaux, toute la journée.

Doutre gagnait la porte. Dans le crépuscule, s'allumaient les rampes électriques du théâtre. Les affiches brillaient. Annegret, à droite de l'entrée. A gauche, lui, Doutre. Elle, blonde, les lèvres grassement fardées... Lui... Mais il ne voyait plus que ces lèvres. Dans quelques heures, le repousseraient-elles ou bien s'ouvriraient-elles, complices?

C'était le mauvais versant du rêve, celui qui le happait comme la pente d'un abîme. Il se laissait aller. Il ne parlait plus. Il était hanté par la grande crevasse d'ombre où bouillonnait la marée des visages. Encore une fois, il faudrait affronter *Cela*, marcher jusqu'à la chaise, jusqu'au placard, cacher Annegret et voir surgir aussitôt Annegret, et chercher sur ses traits la trace d'une émotion, et chuchoter : Hilda, je t'aime... Greta, je t'aime... pour ne trouver, à la fin, qu'une robe froissée et deux colombes. Il se mordillait les joues, regardait les premiers spectateurs faire la queue au guichet. Il les haïssait, un par un, avec une sorte d'application farouche. Puis il allait dîner, avec Odette et l'une des jumelles, pile, face, l'aigle, la Liberty? Les images commençaient, dans sa tête, à se mélanger, elles nouaient une ronde molle, écœurante. Odette, bien avant l'heure, récapitulait ses recommandations, en allemand d'abord; ensuite, en français.

— Eh bien? Tu dors?... Quand j'agiterai la main... Allons! C'était le moment. On se levait. Vladimir était déjà à son poste. Odette fermait à clef les roulottes. Les gestes s'enchaînaient aux gestes. Il y avait un grand tremblement dans la poitrine de Pierre. Un dernier coup d'œil au miroir de la loge. L'orchestre jouait une mélodie à la mode. Pierre s'avançait jusqu'au seuil du promenoir.

— Une belle salle, ce soir, murmurait une ouvreuse.

Il ouvrait et fermait les mains. Il avait envie de l'étrangler.

V

Paris. *L'Electra*. L'engouement du public comme un feu de brousse. La critique enthousiaste. Les photos dans tous les magazines. Odette entraînait les journalistes à l'écart pendant que Vladimir, dans la cour du music-hall, faisait monter dans une camionnette celle des jumelles qui ne devait pas se montrer. Ensuite, ils filaient tous jusqu'à Saint-Mandé, où stationnaient les roulottes, en bordure du bois de Vincennes. Odette avait défendu aux filles de sortir seules, et Doutre devait accompagner celle qui était autorisée à prendre l'air, car Odette craignait toujours une maladresse, une imprudence.

Il y eut pour lui quelques journées exaltantes. Il ne se lassait pas de flâner le long des Champs-Élysées, avec sa belle compagne, ou bien de gravir la Butte pour contempler, dans la lumière amoureuse d'avril, les lointains dorés parsemés de clochers et de coupoles. Il découvrit qu'il pouvait tout dire à la jeune fille, puisqu'elle ne comprenait pas le français. Il s'arrêtait; il lui prenait la taille.

— Hilda...

— Ja! Ja!

Cette fois, il était tombé juste et ils riaient tous deux, excités par ce jeu de colin-maillard qui se pratiquait dans la rue, les yeux grand ouverts, parmi les passants

— Je t'aime, Hilda... Tu es belle... Tu me plais.

Elle regardait remuer ses lèvres, puis épiait son visage, pour voir s'il parlait sérieusement ou s'il plaisantait; alors, il la serrait contre lui et, de l'index, lui frappait l'épaule à petits coups. « Toi... Hilda... Toi... belle... »

Il réunissait ses mains pour évoquer les formes de sa compagne. « Jolie... Très jolie... » Elle pouffait, mais, s'il essayait de lui planter un baiser dans le cou, sur l'oreille, ou sur la joue, près de la bouche, elle s'écartait.

— Nein... verboten...

Il prolongeait le jeu d'une autre manière et, la tenant tout près de lui, un bras autour de ses épaules, il lui débitait, d'un air gentiment respectueux, des phrases tellement inconvenantes qu'il en frémissait d'angoisse. Si elle allait le gifler, là, juste sous le nez de l'agent! Elle hochait doucement la tête.

— Ja... Jawohl!

— Tu sais comment je t'aime?...

Les pires images le visitaient. Malgré lui, il regardait rapidement, à droite, à gauche. Il avait peur des mots qui montaient à sa bouche. Il ne se reconnaissait plus. Mais il se rassurait aussitôt. Ce n'était qu'un jeu, après tout. Et il venait ainsi à bout, peu à peu, de ses propres angoisses, de cette timidité qui collait à lui comme un masque. Il faisait semblant de montrer des monuments, des colonnes, des palais; elle levait ses yeux clairs, attentive aux sonorités rapides de ces mots inconnus. Il se taisait, tout à coup, s'éloignait d'elle comme si elle lui avait fait horreur.

— Ja.

— Imbécile, grondait-il... Ja, ja. Si tu voyais ce que tu peux avoir l'air gourde. On ne t'a jamais dit que tu as l'air gourde, avec tes yeux passés au détachant? Tu es bête, ma pauvre fille!

Il l'insultait à voix basse, tandis qu'elle se pressait contre son flanc. Et puis, brusquement, le mal sortait de lui. Il se sentait innocent et bon. Il baisait les doigts de la jeune fille.

— Au fond, ce métier, je ne l'aime pas, tu sais. Il me détraque. Si encore vous n'étiez pas deux... Si j'étais sûr de t'aimer, toi... ou d'aimer ta sœur!

Ces monologues qu'elle écoutait, les yeux mi-clos, accordant son pas à celui de Pierre avec un instinct de danseuse, ces confidences chuchotées, le délivraient d'anciennes obsessions. Il conduisait sa compagne vers la Seine; le spectacle de l'eau l'apaisait.

— Tu vois, ce que j'aurais voulu...

Il s'efforçait de regarder en lui-même, de comprendre, hésitait longtemps :

— J'aurais pu être jardinier... ou garde champêtre... La terre, les bois, c'est du vrai, ça!

Il faisait sauter sa pièce, ricanait.

— Le fils du professeur Alberto...

Et ajoutait, enlaçant Hilda :

— ...avec sa pin-up numéro un. Demain, ce sera la pin-up numéro deux.

Le lendemain, il emmenait Greta du côté de la place Saint-Michel ou vers le Luxembourg et il était tout aussi amoureux que la veille. Il tenait des discours aussi coupables. Il vivait dans un songe aussi incohérent. Parfois, il arrêtait Greta, la prenait aux épaules.

— Voyons, il y a bien une différence entre vous... quelque chose... une marque... un signe... Ne me réponds pas toujours : ja, ou je te fiche une claque!

La fille rapprochait ses sourcils, remuait les lèvres comme une sourde-muette.

— J'aurais un clebs, grognait Doutre, ce ne serait pas pire.

Greta, souvent, répondait; se lançait dans des explications volubiles, agitait ses mains.

— Bon. Ça va. J'ai compris, coupait Doutre.

L'excitation des premiers jours faisait place à une fureur sourde. Qu'est-ce que les jumelles se racontaient, la nuit, avant de s'endormir? Doutre les imaginait échangeant des confidences, étouffant leurs rires sous les couvertures. Lui-même restait longtemps les yeux ouverts, se posant toujours la même question. Laquelle des deux? Mais il savait bien que, dès qu'il aurait l'une, il voudrait l'autre. C'était l'autre qui le hantait, l'absente, la prisonnière, le double. A peine se promenait-il avec l'une, il commençait à perdre patience. « Voyons, ricanait-il, où en étions-nous, avant-hier? Hier, j'ai failli embrasser ta sœur. Alors, aujourd'hui, il faut que je recommence avec toi, hein, c'est logique! »

La nlle cherchait à comprendre pourquoi il paraissait en colère, pourquoi il lui serrait méchamment le bras. Il approchait son visage. Elle le repoussait.

— Bon, disait-il. Nous verrons demain; je suis sûr que demain ta sœur sera gentille.

Il pensait aussitôt que demain serait comme aujourd'hui, puisque la fille de demain serait identique à celle d'aujourd'hui. Pour s'encourager, quelquefois, il songeait : « Bon, c'est la même. Je n'ai qu'à faire comme s'il n'y en avait qu'une. Au fond, qu'est-ce qu'il y aurait de changé? » Et puis, l'heure des repas arrivait. Ils se retrouvaient tous les quatre, autour de la table. Odette en face de lui, Hilda à gauche, et à droite Greta. A moins que... Il avait la sensation que la séance de prestidigitation continuait, que l'une des filles était une apparence et qu'elle allait se résorber en l'autre, comme ces boules qu'il multipliait et ramenait à l'unité, dans ses mains. Mais les filles mangeaient, parlaient, et il reprenait pied dans le réel.

Dans le réel? Lequel? Il les écoutait. Elles avaient la même voix. Elles souriaient de la même façon. L'une en face de l'autre, elles se renvoyaient leur image, comme un reflet. Peut-être les cheveux de Greta étaient-ils un peu plus dorés? Peut-être le visage de Hilda était-il un peu plus étroit? Mais il suffisait d'un changement d'éclairage, d'un peu plus de soleil au-dehors, et c'était Hilda qui devenait la plus blonde et Greta la plus maigre. Doutre baissait la tête, mangeait en silence. Quand les filles parlaient avec Odette, il n'était plus qu'un étranger. Il ne demandait même plus à sa mère : « Que disent-elles? » parce que ce qu'elles pouvaient dire ne l'intéressait pas. Quand Odette lui parlait, c'étaient les filles qui devenaient des accessoires, des mannequins d'un travail admirable et troublant. Doutre aimait encore mieux les flâneries dans Paris. Il était malheureux quand il ne voyait qu'une des sœurs, mais, quand il les voyait ensemble, il ne pouvait plus vivre. Si encore elles ne s'étaient pas habillées de la même façon! Il aborda la question avec Odette, et, comme toujours, Odette haussa les épaules.

— Dès le début, dit-elle, j'ai essayé... Mais elles sont têtues comme des mules! Et jalouses! Tu ne peux t'en faire une idée. Moi, je les entends. Jusqu'aux applaudissements, qu'elles comparent. Si l'une a été plus applaudie, l'autre lui fait la gueule.

— Enfin, ici, elles pourraient se coiffer d'une manière différente, je suppose.

— Bien sûr. Mais elles ne veulent rien savoir. Ça les amuse de me coller la migraine, avec leurs museaux décalqués. Deux petites garces, voilà ce que c'est!

Doutre était persévérant. Il acheta un dictionnaire et emmena l'une des sœurs au Palais-Royal. C'était Hilda. Il chercha le mot : *amour*. Pas facile de communiquer. Il aurait fallu connaître les conjugaisons, et d'abord savoir prononcer les mots. Est-ce que c'était : Liebe, ou Tuneigung ? Hilda lut l'article et éclata de rire. Puis elle prononça lentement : Liebe, en écartant bien les lèvres. Liebe. Le mot était joli. L'heure était capiteuse. Il y avait d'autres couples, sur les bancs, et des pigeons dont les ombres passaient en sifflant sur les pelouses. Liebe. Doutre se rapprocha de Hilda, se toucha la poitrine puis toucha celle de la jeune fille, comme dans ces jeux d'enfants où l'on récite : am stram gram... Doutre murmura : « Ich... du... liebe... » C'était ridicule et c'était inoubliable. Hilda riait encore, mais par petites secousses nerveuses, et le bleu si rare de ses prunelles avait tourné au vert foncé. Elle ne se défendait plus. Regardant ses gants qu'elle tortillait, elle dit : « Liebe », comme si elle avait entendu ce mot pour la première fois. Doutre ajouta :

— Nein Greta.

Il chercha : *seulement*.

— Nur Hilda. Seulement Hilda... Pas Greta.

Elle posa sa tête sur l'épaule de Pierre et il étendit le bras, derrière elle, sur le dossier du banc. Puisqu'elles étaient jalouses, Hilda ne raconterait rien à sa sœur...

Le lendemain, Doutre emmena Greta aux Tuileries. Il sortit son dictionnaire et se mit à rassembler des mots.

— Greta... Kamerad... Gut kamerad...

Il la surveillait, du coin de l'œil. Non. Hilda n'avait pas parlé de leur promenade au Palais-Royal. Greta le regardait, amusée. Il soupira. Il avait beau se forcer, il avait l'impression de s'adresser, encore une fois, à Hilda, mais à une Hilda sans mémoire, et qui ne connaissait plus le sens du mot : Liebe. Il faillit recommencer, mais il se souvint à temps qu'il ne pourrait plus les reconnaître s'il renonçait à leur enseigner un vocabulaire différent. Il feuilleta le dictionnaire.

— Freundschaft, dit-il. Amitié. Ich... du... Freundschaft...

— Ja, ja, fit-elle.

Ainsi, Liebe désignerait Hilda et Freundschaft Greta. Ainsi, l'incertitude cesserait. Tant pis pour Greta. Il aimerait Hilda. Seulement Hilda. Et cependant... C'était Greta qui se penchait vers lui, en ce moment. Elle essayait de comprendre pourquoi il avait apporté ce dictionnaire et ses yeux, pour une fois, brillaient d'une vie personnelle. Doutre posa la main sur le poignet de sa compagne. Greta forma une longue phrase bizarre, attendit la réaction de Doutre puis joignit ses lèvres, fit la moue. Non, ce n'était pas la moue.

— Bouche? demanda-t-il. Lèvres?... Ah! je sais...

Il chercha; son doigt courut sur la page.

— Kuss?... Baiser?... C'est bien cela?

— Ja... Ja...

Elle se renversait pour rire plus à l'aise. Il prit son visage, à deux mains, comme un pain, comme un fruit, comme une grenade mûre. Il avait faim et soif. La bouche de Greta était fraîche. Il ne serait plus jamais rassasié. Des taches de feu dansaient sous ses paupières. Il n'était plus Doutre. Il n'était plus seul... Il se sépara d'elle, le temps d'avaler un peu d'air; il la reprit aussitôt. Ah! merveille. Suffoquant, les larmes aux yeux, il se recula un peu. Miracle du visage féminin que les lèvres parcourent en appuyant à peine. Et les yeux, absurdes, vus de si près! Et pourtant ensoleillés, vibrants, profonds comme la mer. Greta... Comment dire?...

Il laissa son dos rouler sur la barre du banc. La tête lui tournait. A tâtons, il chercha la main de la jeune fille, la serra, et il sursauta parce qu'elle serrait, à son tour.

— Greta, murmura-t-il. C'est toi qui as gagné... C'est toi!

Au même instant, il songea qu'il serait bon, demain, d'enlacer Hilda, à cette même place, et un frisson de dégoût et de plaisir le traversa comme une flamme. Il mit le dictionnaire dans sa poche, sourit avec un rien de contrainte.

— Kuss? demanda-t-il.

Voilà! C'était comme dans les expériences magiques. Il fallait connaître le mot. Et parce qu'il connaissait le mot, Greta ne résistait plus. Et quand il connaîtrait tous les autres mots... mais figuraient-ils dans le dictionnaire?

Le soir même, il essaya son pouvoir et, tandis que l'une des filles, habillée en rat d'hôtel, attendait que Vladimir ait frappé les trois coups, il murmura, derrière elle : « Freundschaft? » La fille se retourna vivement :

— Nein... Liebe!

C'était Hilda. Enfin, il avait découvert le moyen de les distinguer. Son amour avait cessé d'être monstrueux. Ce soir-là, il n'eut pas peur du public. Il regarda la salle tranquillement, presque avec ennui. Il venait de réussir son tour le plus difficile, mais personne ne pouvait le savoir. Quand il s'approcha de sa partenaire ligotée, il chuchota :

— Greta... Kuss?

Et lui donna un baiser d'amant. Tout était devenu si facile! Greta serait bientôt sa maîtresse — il en était sûr — et, même s'il la trompait avec Hilda, même si son amour hésitait à se fixer, il n'éprouverait plus, du moins, cette impression affolante d'aimer une femme

fictive, une image dans un miroir. Il salua, d'une
manière désinvolte qui souleva des rires. Odette, dans
la loge, lui saisit le bras.

— Qu'est-ce que tu as?

— Moi... Mais rien.

— Tu as bu?

— Ah! Je t'en prie. Laisse-moi tranquille.

Odette marcha jusqu'à la loge voisine, où les deux
filles se changeaient en sifflotant, puis revint vers
Pierre.

— J'aimerais encore mieux que tu boives, grogna-
t-elle.

Souvent, elle laissait ainsi éclater sa colère. Elle en
voulait aux jumelles, mais pourquoi? Et pourquoi,
lorsqu'elle était seule avec lui, l'interrogeait-elle
comme s'il avait cherché à lui cacher quelque chose?
Elle voulait tout savoir, où il avait emmené sa
compagne, ce qu'ils avaient vu, et s'ils avaient rencontré des journalistes. C'était sa hantise. Mais Doutre
s'était juré d'être patient. Il se moquait bien des journalistes et de la curiosité d'Odette. Il avait à conduire
Hilda et Greta où il le désirait et il ne pensait plus
qu'à ça. Les leçons de français reprirent, aux Buttes-
Chaumont, au Champ-de-Mars, dans les jardins du
Trocadéro, partout où il y avait des bancs, des feuil-
lages, du silence. Greta savait dire : baiser, d'une
drôle de voix enfantine qui s'écoutait... Hilda n'arrivait pas à prononcer : amour.

— Non, pas amoueue... amour. Il faut entendre l'r.

Elle était touchante, avec son cou qui s'allongeait.
Doutre n'y résistait pas. Il refermait les bras sur elle.
Ah! peu importait laquelle, au bout du compte, pourvu
que l'une des deux cédât! Greta paraissait moins
farouche. Il y avait toujours un moment, avec elle,
où le dictionnaire tombait, où elle s'accrochait à
Doutre avec une subite violence. Les passants regar-

74

daient ailleurs. Mais si Doutre, un peu plus tard, rassemblant son audace, la poussait doucement vers un hôtel, aussitôt elle résistait.

— Nicht... es ziemt sich nicht.

Il s'emportait, lui pinçait le bras.

— Quoi, pas convenable! Puisque je t'aime, andouille! Alors, où veux-tu?... où?... Pas dans la roulotte, hein. Tu ne veux pas que ta sœur...

Quand il était lancé, il se faisait peur. Où allait-il chercher tout ce qu'il débitait? Greta ouvrait son sac, se repoudrait. Doutre imagina une nouvelle tactique. Il conduisit Greta chez un bijoutier, avenue de l'Opéra. Auparavant, à coups de dictionnaire, il lui avait expliqué : « Cadeau... bracelet... moi heureux... offrir bracelets. » Ils avaient fini par se comprendre. Greta, très émue, choisit un bracelet formé de sept anneaux d'or.

— Cela s'appelle une semaine, dit Doutre. Semaine. Woche... Sept jours... Une pensée pour chaque jour.

Dans la rue, Greta l'embrassa et Doutre sentit qu'il allait parvenir à ses fins. Encore un tout petit peu de patience. Après-demain, peut-être... Alors, il s'avisa que Hilda... Évidemment, il faudrait acheter un bracelet à Hilda. Le même bracelet, sinon elle sécherait de jalousie...

Le lendemain, il entra dans la bijouterie, avec Hilda.

— Tiens! dit l'employé, Madame a déjà choisi le même, hier.

Doutre expliqua que le bijou avait été égaré. Et Hilda essaya le bracelet. Elle tenait son poignet à quelque distance de ses yeux, riait au miroitement des anneaux. Greta, la veille, avait eu exactement les mêmes gestes. Exactement comme Greta, Hilda glissa son bras sous celui de Doutre et lui murmura : « Danke schön! »

— Cela s'appelle une semaine, dit Doutre. Semaine. Woche... Sept jours... Une pensée pour chaque jour.

Cette nuit-là, Doutre dormit sans inquiétude. Il savait que les filles étaient à lui.

— Tu en fais de belles, lui dit Odette, le lendemain, quand il arriva pour boire son café.

— Quoi?... Qu'est-ce que tu as encore inventé?

— Ce que j'ai inventé!... Veux-tu me dire pourquoi tu as acheté deux bracelets à Greta?

— Ah! mais, pardon, s'emporta Doutre. J'en ai acheté un à...

Il s'arrêta. Odette beurrait ses tartines avec une exaspérante tranquillité.

— Idiot! murmura-t-elle, avant de mordre dans son toast.

— Enfin, dit Doutre, je ne suis pas complètement cinglé, non? Je suis sorti hier avec Hilda.

— Non. Hilda était un peu souffrante. C'est Greta qui est sortie à sa place. Je le sais parce que j'ai encore le moyen de les faire parler.

— Allons donc! Greta m'aurait prévenu.

— Elle! cria Odette. Ma pauvre grande bête! Tu veux que je te dise pourquoi cette petite salope t'a fait marcher?... Pour voir comment tu te comportes avec sa sœur. Elle a dû rigoler un bon coup, quand tu lui as offert ce second bracelet.

Elle se leva, prit son fils aux revers et le secoua.

— Réveille-toi, Pierre. Tu entends! Elles se moquent de toi, toutes les deux. Il n'y a que l'argent qui les intéresse. Elles nous plaqueront quand elles croiront qu'elles peuvent se passer de nous.

— Non.

— Si. Elles se rendent bien compte qu'elles nous tiennent. Je les connais, moi. Je bavarde avec elles. Ah! j'ai eu tort de monter ce numéro.

Greta! Greta qui avait failli céder mais qui, avant,

avait voulu savoir si sa sœur n'était pas la préférée. Comme s'il y avait moyen de préférer l'une à l'autre!

— Qu'est-ce qu'elle a fait de son second bracelet? demanda Doutre, désespéré.

— Elle l'a donné à Hilda; mais j'ai bien cru qu'elles allaient se battre.

— Il ne fallait pas! cria Doutre. Tu ne comprends pas que maintenant...

Il était écrasé d'humiliation, le sang aux joues et les poings serrés. Ce qu'il avait pu être ridicule! « Cela s'appelle une semaine... sept jours... Une pensée pour chaque jour... » Comme Greta devait rire, au fond d'elle-même! Les mots pleins d'amour devenus boniments, les gestes tendres bafoués par la répétition...

Quand le déjeuner les réunit, tous les quatre, les jumelles étaient, encore une fois, indiscernables. Elles portaient, chacune, le même bracelet au poignet droit. Elles appuyaient sur Doutre le même regard pâle, ironique à force d'être anodin. Doutre tenta un dernier effort. Il emmena au parc Monceau une des deux sœurs.

— Liebe?... Hilda?...

— Ja... Auch... Kuss...

Et, d'une voix appliquée, avec le sérieux d'une bonne élève, elle dit, en français :

— Greta... raconté à moi...

Doutre sursauta.

— Qu'est-ce qui t'a appris ces mots?

Il n'écouta même pas la réponse et rentra seul. Tant pis pour la fille. Elle se débrouillerait. Il en avait assez, d'elles, du métier, de tout. Il but des Pernods, tenta de s'assommer, et le patron le jeta à la porte parce qu'il s'amusait à escamoter la monnaie que le garçon s'efforçait de lui rendre. Odette lui fit une scène. Il crut même se rappeler qu'elle l'avait giflé. La représentation ne lui laissa que des images bizarres, comme celle d'une route, la nuit, aux phares. Il s'éveilla malade, las, amer. « Qu'est-ce que je fais? » Mais, justement, il n'y avait rien à faire. Il n'y avait pas d'issue. — J'ai tout de même bien le droit d'aimer ces filles, ragea-t-il. — Oui, mais pas toutes les deux, parce que c'est grotesque. — Alors l'une des deux, au petit bonheur. — Impossible! Elle racontera tout à sa sœur, pour l'humilier. Ce serait pire qu'un témoin caché dans votre chambre. — Alors quoi, bon Dieu? — Alors, rien!

Il trouva Vladimir qui graissait la camionnette.

— C'est toi, Vladi, qui leur donnes des leçons de français?

Vladi essuya lentement ses mains au fond de son pantalon, tendit le petit doigt que Doutre serra d'un air dégoûté.

— Oui, bonjour. Est-ce que c'est toi qui leur donnes des leçons?

— Vladimir pas fort... Vladimir parler mal... Mais petites gentilles... Petites béguin pour toi!

— A l'avenir, tu leur foutras la paix. Tu entends!... Et puis, tu pourrais peut-être parler comme tout le monde, non? J'en ai marre de votre petit nègre. J'en ai marre... J'en ai marre...

Doutre échoua sur le cours de Vincennes, entra dans un café, dans un autre. A table, il garda un silence plein de hargne.

— Je ne sors pas, dit-il à Odette, quand les jumelles eurent regagné la roulotte où la prisonnière allait s'enfermer pour l'après-midi.

— Qu'est-ce que tu as?

— Je n'ai rien.

Odette lui offrit une tasse de café.

— Merci.

— Un peu de chartreuse?

— J'ai dit : rien. C'est clair.

Elle ouvrit son carton à dessin, mit ses lunettes de businessman et commença à étudier des plans, tout en buvant son café à petites gorgées. Le bruit du liquide qu'elle aspirait mettait Doutre hors de lui. Mais son silence l'exaspérait davantage. Il se jeta sur le divan.

— Elles sont tellement gourdes, dit Odette. Si l'une des deux lâche un mot maladroit, nous sommes flambés.

— Ça m'est égal.

— Si tu vas par là, moi aussi. Je peux même les renvoyer tout de suite. J'ai mis au point un autre numéro.

— Pas question de les renvoyer, coupa Doutre. Je les garde.

— Oh! Oh! Je les garde! Ce n'est pas encore toi qui décides!

Doutre se souleva sur un coude.

— Ça t'arrangerait, murmura-t-il. Les filles parties, tu pourrais...

— Quoi?... Allons! Finis!

— Oh! tu sais bien ce que je veux dire.

Il alluma une cigarette et se mit à fumer, sur le dos, une main cachant ses yeux. Odette repoussa le carton, les papiers, la tasse qui faillit tomber.

— Bon, dit-elle d'une voix fatiguée. Parlons d'elles. Il y a longtemps qu'un garçon normal...

— Parce que moi, je ne suis pas normal.

— Ah! tu m'embêtes, à la fin, éclata Odette. Non, tu n'es pas comme les autres, si tu veux le savoir. Toi, l'amour, ça te tient dans la tête. Comme ton père! Je voudrais que tu te voies... Tu as l'air d'un fou. Seulement, toi, je te sauverai... malgré toi.

Elle respirait bruyamment, une main au flanc. Doutre l'observait entre ses doigts écartés. Mais il n'aurait jamais pitié d'elle.

— Qu'est-ce que tu comptes faire? demanda-t-il.

— Laisse, petit, laisse... Elles ne nous auront pas, je t'en réponds. Pour commencer, je vais modifier la première partie. Je vais supprimer un des numéros où paraît Annegret, n'importe lequel. Nous ferons à la place un numéro de lecture de pensée, tous les deux. Pas besoin d'une figurante, pour ça. Elles comprendront l'avertissement.

Doutre, intéressé, s'assit sur le divan.

— On peut vraiment lire dans la pensée?

— Mais non, mon pauvre garçon, la lecture de pensée, c'est comme le reste, un truc à connaître.

— Ah! fit Doutre en se laissant retomber, encore un truc!

— Mais très facile, poursuivit Odette. Tu apprendras une liste de phrases convenues. A chaque phrase correspond un objet; les spectateurs présentent toujours les mêmes.

Reprise par le métier, elle expliquait, mimait les gestes, s'arrêtait devant un public invisible.

— Tiens, par exemple : « Qu'est-ce que Madame vient de sortir de son sac? »... Eh bien, tu écoutes?

Elle fronça les sourcils, s'approcha de Pierre, écarta la main dont il se cachait le visage. Il pleurait.

VI

Survint un accident heureux. Une des jumelles se brûla légèrement, sous l'oreille, avec un fer à friser, et on interrompit les représentations. Greta dut porter un pansement. C'était bien Greta, et d'ailleurs quelle importance! L'une des deux, enfin, cessait de ressembler à l'autre.

— Content, hein? grogna Odette.

— Oh! tu sais, fit Doutre, ça ne me touche plus guère.

— Alors, prends la voiture, va passer le week-end en Bretagne. Tu n'as plus que la peau sur les os.

Elle savait bien qu'il ne partirait pas. Il rôdait autour des roulottes, bricolait avec Vladimir, l'oreille tendue, l'œil attentif, efflanqué et morne comme une bête en amour. Les jumelles avaient perdu leur gaieté. Hilda montait la garde près de sa sœur. A peine si elle la quittait un instant pour aller déjeuner. Odette feignait de ne rien voir, de ne rien sentir. Elle chantonnait, autour de son fourneau, un livre de cuisine ouvert auprès d'elle, et préparait les plats les plus compliqués. Ou bien, à genoux sur le plancher, elle méditait devant des feuilles de dessin éparpillées. Mais, quand Doutre passait, elle le suivait des yeux, avec tant d'insistance qu'il se retournait, parfois.

— Eh bien? Qu'est-ce que tu as à me regarder comme ça?

— Je n'ai pas le droit de te regarder?

L'escarmouche prenait fin aussitôt. Ils n'osaient plus se parler, comme s'ils avaient craint de se dire des choses irrémédiables. Doutre s'était mis à travailler. Il apprenait l'allemand, tout seul, tant bien que mal; il en avait assez d'entendre Odette se quereller avec les jumelles sans pouvoir comprendre ce qu'elle leur disait. Pour l'accent, il s'adressait à Vladimir, et c'étaient d'étranges colloques, autour de l'établi, en allemand et en français. Doutre finissait toujours par se confier à Vladimir.

— Mauvais, disait Vladimir.

Il se tapait sur le front.

— Toi... coup de soleil... fou!

Et, comme il débordait de bonne volonté, il prenait la peine de traduire :

— Närrisch... Richtig!

Närrisch, d'accord! Et puisqu'il était impossible de s'approcher de Greta, il n'y avait plus qu'un moyen : lui écrire. Doutre se mit à rédiger, à coups de dictionnaire, d'étranges billets, des lettres d'amour à demi incompréhensibles, balbutiantes, hagardes, troublantes et puériles. La nuit venue, il glissait les billets par la fenêtre gauche de la roulotte; la couchette de Greta se trouvait juste dessous... et si les billets étaient saisis par Hilda, n'était-ce pas encore, pour eux, une manière d'arriver à destination? Mais ils ne s'étaient point égarés, Doutre en eut la preuve, un soir, quand une boulette de papier lui fut jetée par la fenêtre. Il la déplia, quand il fut couché, la lut à la lueur d'une torche électrique, dans un repli du drap. La lettre était signée : Greta. Doutre, de loin en loin, saisissait un mot, devinait un fragment de phrase, mais le texte demeurait intraduisible, malgré le dictionnaire. Il resta longtemps éveillé, la lettre dans sa main, comme une arme chargée. Puis, n'y tenant plus, il se leva et, en pyjama, courut à la camionnette où Vladimir dormait.

— C'est moi, Vladi... Non, il n'y a rien de cassé... Simplement une lettre à traduire.

Vladimir alluma sa lampe, approcha le billet. Ses lèvres commencèrent à remuer.

— Eh bien?

L'autre lisait toujours, en silence. Au mouvement de ses prunelles, on voyait qu'il revenait en arrière, reprenait certains passages.

— Bon Dieu, tu parles, oui?

Vladimir secoua sa tête chauve, rendit la lettre à Doutre.

— Mauvais, dit-il... Elles deux, comme ça!

Il affrontait ses deux index, comme deux lances.

— Je m'en fiche, cria Doutre. Est-ce qu'elle m'aime?

Il respirait bruyamment, comme s'il avait cherché à retenir sa vie, tandis que Vladimir semblait peser le pour et le contre de quelque difficile décision.

— Elle... commença-t-il... chienne chaude... Méfiance!

Il prononça des mots allemands, chercha les mots français correspondants et, désolé, pour résumer la situation, eut un geste timidement obscène. Doutre déchira la lettre en morceaux, qu'il lui jeta à la face.

— Abruti!

Il sauta hors de la voiture. Le bois ouvrait ses allées noires, devant lui. Il était là, en pyjama, le long d'une roulotte, et c'était tellement incongru qu'il se donna une bourrade, méchamment, pour se faire mal. Le lendemain, il observa patiemment la caravane où Greta était enfermée. Impossible d'entrer. Hilda ne s'absentait qu'aux heures des repas et encore attendait-elle qu'il fût dans la roulotte d'Odette. Le jeu des billets recommença. Doutre conservait dans son portefeuille les lettres froissées et indéchiffrables. Il travaillait avec rage, piochait sa grammaire, traduisait les premiers chapitres d'une méthode achetée au hasard, chez un libraire : Papa a fumé sa pipe... Ceci est un tableau noir... Quand la tête lui grouillait jusqu'à l'écœurement de règles de syntaxe et de temps primitifs, il sortait ses lettres d'amour, écrites au crayon, et les regardait, en apprenait des phrases qu'il se répétait tout haut, pour fouailler sa colère. Après tout, ça aussi, c'était du vocabulaire. Mais, comme il possédait une mémoire étonnante et que sa ténacité n'avait pas de limites, il faisait des progrès rapides. De temps en temps, un mot, brusquement, prenait un sens ; une lettre perdait une parcelle de son mystère... *Mon chéri...* (deux lignes obscures) *quand je te vois* (une demi-ligne sans signification)... *chagrin* (ou peine, ou douleur, puis un hiatus de six lignes) *...tellement heureuse* (trois mots) *...ta bouche* (ensuite, la nuit totale, jusqu'à la signature). Il avait l'impression de travailler sur d'anciens documents, révélant la cachette d'un trésor. Il en oubliait parfois qu'il s'agissait de Greta et restait un peu égaré en sa présence. C'est-à-dire que c'était l'autre qu'il rencontrait à table. Mais l'autre, c'était quand même le visage qu'il aimait, le corps qu'il désirait, la main semblable à celle qui écrivait : *mon chéri... ta bouche...*

— Mange, je te dis, grondait Odette. Tu crois que c'est pour moi que je cuisine ?

Il souriait vaguement. Manger ? Pourquoi pas ? Tout ça lui était tellement égal !...

Greta reparut, guérie. Mais elle était marquée. Il y aurait dorénavant cette cicatrice sur son cou, cette légère boursouflure rosâtre qui apparaissait, sous le fard. Elle était un peu plus à lui, maintenant. Il commençait à savoir qui il aimait.

— Tu ne peux pas répondre, quand on te parle?

Odette avait beau se fâcher. Doutre n'entendait rien, ne faisait attention à rien. Il n'avait d'yeux que pour Greta. Ce fut au tour de Hilda de maigrir. Odette les observait, les flairait, ses yeux courant de l'un à l'autre, et parfois elle plaquait sa serviette sur la table, sortait d'un pas lourd. Ils attendaient longtemps, tous les trois, avant de reprendre la fourchette, le couteau. Puis un billet parvint à Doutre. Il était signé Hilda. Quelles supplications, quelles promesses contenait-il? La fille, à bout de forces, était-elle prête à se rendre? Doutre le rangea parmi les autres. Les effluves qui sortaient de ces feuilles chiffonnées lui tournaient la tête. Peut-être aurait-il dû s'introduire hardiment, la nuit, dans leur roulotte, pour s'expliquer. Mais elles étaient capables de s'entre-tuer, après son départ. Les séances reprirent, au music-hall, et Paris les acclama de nouveau. De nouveau, il y eut, chaque jour, une prisonnière dans la caravane, et une évadée, prête à courir les musées et les jardins publics, au bras de Doutre. C'était le moment...

Odette retint Pierre par le bras.

— Tu ne sors pas.

— Pardon?

— Nous avons à travailler. Assieds-toi, que je t'explique.

— Mais je...

— Assieds-toi.

Cette voix, qui vous paralysait. Doutre s'assit. Odette avait l'air fatiguée, sous son rouge étalé à la hâte. Elle s'était placée entre la porte et Doutre. Allons! C'était la minute de vérité.

— J'ai mis au point le nouveau numéro, dit-elle.

— Un nouveau numéro? Pour quoi faire?

— J'ai réfléchi. On peut se passer des jumelles... Je les fous à la porte.

Soudain, elle perdit tout contrôle. Ce fut comme si on lui avait plaqué sur le visage le masque de la haine.

— Je les fous dehors. J'en ai assez d'elles. Deux salopes qui auront ta peau, mon pauvre petit. Et qui n'en font qu'à leur tête. Si on ne se défendait pas, on ne serait plus les maîtres, ici... Non, ça ne peut plus durer... C'est moi, la vieille, qui les gêne. Elles s'imaginent qu'elles me tiennent, que c'est elles qui gagnent l'argent. Elles ne me connaissent pas...

Doutre se leva.

— Où vas-tu?

— Je m'en vais, dit Doutre. Puisqu'elles partent, je pars.

Ils s'examinèrent en silence, les yeux dans les yeux, s'accordant un dernier répit avant de frapper.

— Tu ferais ça? murmura Odette.

— Un garçon de mon âge n'a ni père, ni mère, dit Doutre. Ce sont tes propres paroles. Ma vie n'est pas avec toi. Elle est avec elles.

— Un joli bigame, fit Odette.

Ils s'arrêtèrent, parce que la douleur commençait à les ployer en deux, et qu'ils voulaient garder la face. Odette enleva ses lunettes, pressa ses pouces sur ses paupières, puis regarda Pierre, de ses gros yeux un peu égarés.

— Si elles n'étaient plus là... pour une raison quelconque...

— Je me tuerais!

Odette éclata d'un grand rire sauvage.

— Il se tuerait! Écoutez-le! Tu es drôle, mon petit Pierre. Tu t'imagines qu'on se tue comme ça. Crois-moi, on tue les autres, avant. C'est plus facile. Et même, on ne tue personne, parce que l'amour... le tien... c'est surtout de l'amour-propre... C'est tout préoccupé de soi... Ça ne pense qu'à survivre!

Doutre, à chaque mot, fermait les yeux comme s'il avait reçu des gifles. Il recula. Odette l'empoigna par sa chemise et l'attira tout près d'elle.

— Et moi?... Est-ce que tu songes à moi?... Dis?... Tu te figures que moi, je vais te lâcher? Des hommes, de l'amour, j'en ai eu ma claque... On se prend; on se lâche; on se désespère... C'est le jeu, tu verras... Mais voilà que j'ai un fils...

Sa voix se mit à trembler et ses yeux mouillés prirent un éclat insoutenable. Elle croisa ses mains derrière la nuque du garçon.

— Ça, fit-elle à voix basse, je ne savais pas ce que c'était. Je t'avais oublié, mon petit Pierre... Pardon! Mais maintenant... tu ne peux pas savoir... Je n'ai pas l'intention de t'embêter, non. Mais je ne veux pas que tu sois la victime de la première marie-salope qui passera.

Doutre lui prit les poignets et se dégagea. Elle se laissa faire, en souriant.

— Tu es fort, murmura-t-elle, et tu me détestes parce que je suis aussi forte que toi.

— J'aurai ces filles, dit Doutre.

— Toutes les deux?

— Toutes les deux.

— Non, mon petit Pierre. N'y compte pas. Je ne veux pas que tu deviennes fou.

Doutre ramassa son chapeau, sur le divan, et se dirigea vers la porte.

— Attends un peu! lança Odette.

Elle avait allumé un cigarillo et fixait son fils, durement.

— N'oublie pas que tu es mon employé. J'ai décidé de monter un nouveau numéro. C'est à prendre ou à laisser. Tu es libre de refuser.

— Et si je refuse?

— Tu chercheras un engagement ailleurs. Mais je peux t'affirmer que tes petites copines ne me laisseront pas tomber, elles... Pas si bêtes. Elles aiment trouver du foin au râtelier.

Doutre essuyait machinalement le bord roulé de son feutre, comme il l'avait vu faire, autrefois, au professeur Alberto. Il hésita, puis jeta son chapeau sur le lit.

— Tu as de la chance, dit-il, que je sois encore pauvre... Explique... Dépêche-toi.

C'était Doutre qui ferait le « voyant ». Il se masquerait les yeux d'un bandeau noir, épais. De ce côté-là, aucun truc; tout le monde pourrait essayer le bandeau; impossible de distinguer quoi que ce soit au travers, il lui suffirait d'apprendre par cœur une liste de phrases, une soixantaine, et une liste d'objets correspondants, allant du trousseau de clefs à la carte d'identité. Doutre copia la liste sous la dictée d'Odette.

— Tu as dix jours pleins pour l'apprendre, dit-elle.

— Pourquoi dix jours?... Est-ce que le public est las de notre spectacle actuel?

— Non.

— Alors?

— J'ai signé un contrat pour une salle de Nice.

— Nous allons partir?

— Évidemment.

— Alors, on peut présenter le même programme... Où veux-tu en venir?

Mais on ne posait pas de questions à Odette. Doutre se mit au travail. Il n'y eut plus de promenades à deux dans Paris. Était-ce le résultat qu'elle cherchait ou avait-elle inventé un plan pour le séparer des jumelles? Dans ce cas, elle s'était bien trompée. Doutre, tout en apprenant sa liste, tout en piochant

son allemand, surveillait les allées et venues de chacune, comme un captif qui prépare sa fuite. Odette
était bien obligée, sur les cinq heures, d'aller au
music-hall pour régler des questions administratives.
En général, elle attendait le retour de la fille dont
c'était le jour de liberté, mais quelquefois, elle partait
un peu plus tôt. Quelquefois aussi, elle faisait semblant
de s'en aller et, cinq minutes après, revenait brusquement, tâtant ses poches, fouillant son sac, comme
si elle avait oublié quelque chose... Doutre guettait.
Si Odette s'approchait de la roulotte, il marchait de
long en large, répétant à haute voix : « Le stylo...
le chapeau... la montre... le journal... » L'occasion
ne se présenterait peut-être jamais. L'occasion de
quoi faire?... Il se défendait de répondre. Mais il
savait combien d'enjambées le séparaient de la caravane des jumelles et comment marcher sur le bas-côté
pour étouffer ses pas. Il était calme, en apparence.
Il jouait, le soir, comme un robot. La foule, les applaudissements, tout cela n'était plus drôle. La scène du
baiser avait cessé de l'émouvoir. Il attendait l'occasion,
et nul ne pouvait deviner à quel point cette attente
le détruisait. Il allumait une cigarette à l'autre, buvait
à la bouteille de whisky cachée dans sa valise. Il y avait
des instants où il avait envie de se rouler par terre,
de mordre, de déchirer; quelquefois, au contraire,
sa mémoire surmenée flanchait brusquement : il ne
savait plus rien; il s'asseyait au bord de son lit, se
frottait le crâne à petits coups, s'appelait doucement :
« Pierre... mon petit vieux... » Il faisait sauter sa
pièce : « Pile... face?... J'y vais?... Si je tourne Liberty,
j'y vais!... »

Il tourna Liberty. Odette venait de s'éloigner. La
promeneuse n'était pas revenue. Doutre ouvrit la
porte de la roulotte, sauta sur le sol et, plus silencieux
qu'un rôdeur, marcha jusqu'à la caravane des jumelles.

L'amour était en lui comme une agonie. Le sang lui sautait dans les yeux. Il avait l'impression que ses pas ébranlaient le monde. Au bas des trois marches, un regard rapide en arrière. Personne. Il poussa le battant, de la poitrine et du genou, referma vite. La fille était là, sur le tapis, lisant un magazine. Elle tourna la tête, et ses paupières battirent, deux fois. Puis elle eut un étrange sourire blessé et se laissa aller sur le côté, parmi les coussins. Doutre se laissa tomber près d'elle. Il était soudain vidé de ses forces, incrédule, émerveillé, brisé par l'effort et par la panique. Il étendit la main, la posa sur le bras de l'inconnue. Laquelle des deux était-ce? Mais à quoi bon chercher?

— Tu vois, murmura-t-il, je suis venu.

Il se rapprocha d'elle, regarda son beau visage renversé, tout près, encore plus près. Il sourit tristement, chuchota quelques mots allemands qu'il avait appris exprès, depuis longtemps, et, avec lenteur, appuya ses lèvres sur la bouche déjà donnée. « Que je disparaisse, pensa-t-il, que je m'efface... » Il sombrait dans la douceur; il n'était plus le petit Doutre.

La fille le repoussa d'un coup de reins.

— Die Tür!

Hagard, il essayait de comprendre. Elle tendait le doigt. Il regarda derrière lui. La porte se refermait; la poignée se releva, resta immobile. Plein de vertige, il s'accrocha au bord d'une table, se releva, fit quelques pas mous. Dehors, la rue était déserte. On n'entendait aucun bruit.

— Tu es sûre? dit-il.

Mais il n'avait lui-même aucun doute. Quelqu'un les avait vus. Quelqu'un croyait, maintenant, qu'elle était sa maîtresse, alors que... Frustré, il revint vers la jeune fille, qui s'échappa d'un bond.

— Nein... jetzt nicht!

— Oh! sois tranquille. Je ne te toucherai pas.

Il vit la marque rouge, sous l'oreille. Ça, du moins, c'était une certitude.

— Est-ce que c'était Hilda? demanda-t-il... Non?... Odette?... Alors, qui, idiote? Tu vas répondre?

Greta semblait terrifiée.

— Ce n'était pas Vladimir? Et puis, il s'en fiche, Vladi!

Non, ce n'était pas non plus Vladimir. Elle n'avait aperçu personne, mais elle avait tellement peur qu'elle devait faire effort pour ne pas trembler.

— Bon, fit Doutre. Ils veulent la bagarre? Ils l'auront!

Il sortit sans se presser, alluma une cigarette sur les marches de la roulotte, puis fit le tour des voitures. Il fut obligé de se rendre à l'évidence. Ni Odette ni Hilda n'étaient rentrées. Vladimir n'était pas là. D'ailleurs Vladimir ne comptait pas. Une seconde, il songea à retourner auprès de Greta, mais il n'avait plus envie d'elle. Il ne concevait l'amour que secret, clandestin, inavoué, et il ne supportait pas d'avoir été suivi et observé. Un taxi s'arrêta, à l'angle de la rue; Hilda en descendit. Elle était rouge comme si elle avait couru.

— Sind Sie allein?

— Oui, je suis seul, répliqua Doutre en allemand, et Hilda parut soudain interloquée. Elle le regarda avec une sorte de frayeur et reprit :

— Il y a longtemps qu'Odette est partie?

— Elle est partie depuis une demi-heure.

De nouveau, le coup d'œil alarmé.

— Greta est là?

— Naturellement... Et vous? D'où venez-vous?

— Là-bas, dit-elle, en montrant la ville, derrière elle. Au cinéma.

Elle disparut dans la caravane, et Doutre alla se

jeter sur son lit. Revenir sur ses pas, courir jusqu'au prochain carrefour, sauter dans un taxi, tout cela Hilda avait pu le faire. Mais Odette aussi, qui allait rentrer d'un instant à l'autre... Et la jalousie de l'une ou de l'autre saurait bien l'empêcher de recommencer. Alors?... Il enfouit sa tête dans l'oreiller. Le désir, de nouveau, lui nouait les reins.

— Qui était l'ennemie? Qui fallait-il supplier?

Le dîner les réunit tous les quatre, et tous les quatre souriaient. Odette expliqua que les dernières démarches avaient abouti. On pourrait partir le surlendemain. Elle traduisit pour les filles qui approuvèrent.

— Tu comptes mettre combien de temps? demanda Doutre.

— Je ne sais pas. Trois ou quatre jours. On pourra s'arrêter du côté d'Avallon, et ensuite camper vers Orange, puis vers Aix. Vladimir se chargera de la camionnette et de la grande roulotte. Moi, je conduirai le reste du convoi.

Qui était l'ennemie? Jamais Odette ne s'était montrée aussi aimable. Jamais les jumelles n'avaient été aussi attentives. Et pourtant, Doutre sentait, autour de lui, une torpeur d'orage.

— Quelle journée! dit Odette. Je n'en peux plus.

Elle raconta tout ce qu'elle avait fait depuis son départ.

— On ne te demande pas ton emploi du temps, grogna Doutre.

A croire qu'elle voulait écarter d'elle tout soupçon. Et Hilda, qui, d'habitude, n'ouvrait guère la bouche, parla du film qu'elle avait vu. Soit. C'était lui qui avait rêvé. La poignée de la porte n'avait pas tourné, sous ses yeux. Personne ne l'avait aperçu, près de Greta. Mais alors, pourquoi cette tension, cette gêne latente, qui donnaient aux regards quelque chose d'affecté, d'ambigu, l'éclat sourd du mensonge? Est-ce qu'elles n'étaient pas, toutes les trois, secrètement d'accord contre lui? Et il devait entrer dans le jeu, à son tour, faire semblant de ne rien voir, de ne rien comprendre. Il devait se résigner, parce qu'il n'y avait pas d'issue. Pas d'issue!

Il remâcha ces mots pendant toute la soirée, dans les coulisses, en scène. Pas d'issue, alors que le public applaudissait en lui le prince de l'incroyable, le maître de l'impossible. Mais c'était Odette qui avait organisé ces mystères. C'était elle qui le tenait, et elle le tenait bien.

Doutre rusa. Lui aussi, il savait dissimuler, maintenant. C'était même l'essentiel de son métier. La dernière représentation fut un triomphe, et il fit porter à Odette une gerbe fastueuse, avec sa carte : *Pierre à sa magicienne.* Odette le prit par le cou, appuya sa tête contre lui.

— Tu sais, murmura-t-elle, que ce n'est pas très convenable, cette carte.

Il voulut se dégager.

— Attends! dit-elle, que je profite encore un peu de toi... Mon petit Pierre!

Ce soir-là, ils burent du champagne et Vladimir fut de la fête.

— A ton prochain succès, dit Pierre, en levant sa coupe vers Odette.

— A ton bonheur!

Ils restèrent un moment, se regardant par-dessus leur verre, puis ils sourirent ensemble aux jumelles.

— Prosit!

Doutre dut soutenir Vladimir jusqu'à la camionnette, l'aider à se coucher. Un doigt de champagne suffisait à enivrer le pauvre Vladi. Ensuite, il se promena longtemps autour des roulottes. Le ciel rougeoyait au-dessus de Paris, et une odeur d'herbe mouillée montait du bois. Quand Doutre passait auprès de la Buick, il apercevait sa silhouette élégante, le scintillement des revers de son habit dans la carrosserie luisante, et il songeait qu'il n'était pas, qu'il ne serait jamais comme les autres. Il y avait, en ce moment, partout dans le monde, des garçons de son âge qui tenaient une femme dans leurs bras. Ils murmuraient des mots d'amour. Ils chuchotaient : « Tu es la seule. Tu es l'unique! » Ils se penchaient sur la bien-aimée consentante. Tout cela était si simple, pour les autres!... Doutre voyait la roulotte où les jumelles, au lieu de dormir, s'épiaient peut-être dans l'obscurité. Il s'assit sur le marchepied de sa voiture, le visage dans ses mains. Sa pensée était en lui comme un ver dans un fruit. Il se sentait grignoté, sans trêve. Les autres! Les autres! Dans quelques heures, les autres se lèveront, ils chantonneront en se rasant, ils embrasseront leur femme, au lit, et partiront pour le bureau, ou l'atelier, ou l'usine. Pour un travail d'homme, un vrai! Ils manipuleront des objets, des outils, des vrais! Ils auront des soucis, des coups durs, des vrais! Ah! comment tant de peine ne fait-elle pas éclater le cœur!

Il grimpa dans la roulotte, se déshabilla, jeta un coup d'œil autour de lui sur les guéridons, les jeux de cartes, la panière et les épées, haussa les épaules. Autrefois, là-bas, au collège, on faisait la prière. Il se coucha et, avant de s'endormir, répéta tout bas ce qui était devenu sa litanie familière. — Qu'est-ce que ce monsieur tient à la main? — Un journal. — Quelle est la couleur du manteau de cette dame? — Noire. — En quoi est-il? — En astrakan... A la trentième phrase, il s'endormit. Les tourterelles marchaient dans leur cage. Deux agents cyclistes, qui faisaient une ronde, se retournèrent.

— Les Alberto, fit l'un.

— Tu parles d'un métier! répondit l'autre.

VII

On campa près de Brignoles, en bordure d'une pinède et il fallut toute l'adresse de Vladimir pour amener les roulottes sous les arbres. Il était tard; on dîna rapidement, puis Doutre installa, dehors, des fauteuils.

— Apporte aussi la framboise, dit Odette. Ce qu'il a pu faire chaud! Vous ne crevez pas de soif, vous autres?

Le sol, l'air, les vêtements, tout sentait la résine. La lumière de la lune, entre les pins, coulait comme une huile. De temps en temps passait une voiture, à toute allure, et une vague de vent tiède et sucré agitait les branches. Doutre dosa la liqueur dans les verres, ajouta de l'eau glacée.

— Est-ce que j'appelle Vladi? demanda-t-il.

— Oh! laisse-le finir, conseilla Odette.

Vladimir, à trente mètres de là, changeait une roue de la camionnette. On voyait sa maigre silhouette en ombre chinoise, devant la baladeuse posée à terre. Ils burent, tous les quatre, en silence. Le sous-bois lumineux, le ciel vivant d'étoiles, offraient un spectacle fascinant. L'une des filles dit quelque chose à Odette, et Doutre, cette fois, n'eut pas de mal à traduire. « Je vais finir vite et je reviendrai! »

— Ja, dit Odette, spute dich!

La fille remonta dans la roulotte, derrière eux, et on l'entendit qui débarrassait la table.

— Laquelle est-ce? murmura Doutre.

— C'est Greta, chuchota Odette. Elle reprit plus haut:

— On est mal, vous ne trouvez pas? Tu aurais dû apporter un guéridon, mon petit Pierre. On ne sait pas où poser son verre.

— Je vais aller, proposa Hilda.

— Oui, merci... n'importe lequel.

Hilda se dirigea vers la roulotte aux accessoires. Doutre ne devait plus jamais oublier cet instant. La roulotte était parallèle à la route. Il la voyait de trois quarts, toute brillante de cette gelée bleue qui empâtait le profil des arbres. La porte grinça quand la jeune fille la poussa, et l'entrée de la voiture apparut, dans une pénombre verdâtre.

— C'est formidable, dit Odette. On y voit comme en plein jour.

Vladimir, là-bas, amenait la roue de secours et s'accroupissait, parmi ses outils épars. Greta lavait la vaisselle, tout en fredonnant. Une voiture fila vers Aix et ses phares illuminèrent la caravane, où Hilda cherchait le guéridon.

— Encore un peu de framboise? proposa Odette... Ouf! On commence à respirer!

Elle but, à petites gorgées gourmandes. Sa bague scintillait. Des reflets nageaient dans son verre. Doutre regardait toujours la roulotte, au flanc de laquelle courait l'inscription, en lettres d'une matière subtile et précieuse: *Les Alberto*.

— Il lui en faut du temps, dit-il, pour trouver un guéridon. J'aurais mieux fait d'y aller.

— Tu as déjà peur qu'elle se fasse enlever, plaisanta Odette. Ça te tient toujours aussi fort! Rassure-toi, elle ne peut pas sortir sans qu'on la voie.

96

Doutre alluma une cigarette, pour éviter de répondre, et jeta un coup d'œil méfiant du côté d'Odette. C'était la première fois, depuis le départ de Paris, qu'elle s'efforçait d'être aimable. Dans la caravane, un meuble tomba.

— Dire qu'elle n'a qu'à tendre la main pour allumer la veilleuse, fit Odette. Ce qu'elle peut être empotée !

Un second meuble s'effondra et il y eut, aussitôt après, une sorte de cri étouffé.

— Alors, ça vient ? cria Odette.

— La lampe est sans doute grillée, observa Doutre.

Il se leva, secoua ses jambes pour défriper son pantalon de gabardine. Odette lui saisit le poignet :

— Laisse-la donc se débrouiller. Si elle n'est pas fichue de dénicher un guéridon... Il y en a au moins trois.

Doutre écoutait. Odette lui repoussa le bras, avec humeur.

— Eh bien, vas-y... puisque tu en crèves d'envie ! C'est le bon moment. Tu pourras l'embrasser dans un coin... Idiot !

Doutre alla chercher la torche électrique dans la boîte à gants de la Buick, et marcha sans se presser vers la roulotte. Odette ferma les yeux à demi, et laissa doucement tomber sa main; à tâtons, elle posa son verre sur le sol tapissé d'aiguilles. La silhouette fine de Pierre, son déhanchement nonchalant, le balancement plein d'abandon de ses bras, elle voyait tout. « Il sait que je le regarde, pensait-elle. Il sait qu'il me rend dingo ! » Le silence était si profond qu'elle entendit Pierre murmurer :

— Hilda ?... Où êtes-vous ?...

La lampe dessina sur les marches de la caravane un cercle lumineux à peine plus brillant que le clair de lune.

— Hilda !

Pierre monta une marche, puis l'autre, et s'immobilisa soudain, la torche braquée sur le plancher de la voiture. Odette se leva. Greta rangeait toujours les assiettes. Vladimir vissait les boulons de la roue; la baladeuse éclairait violemment ses bras nus, où les veines couraient en racines sombres. Pierre gravit la dernière marche, s'agenouilla, et Odette fit quelques pas dans sa direction, puis se mit à courir, comme si quelqu'un l'avait poussée aux épaules.

Doutre tourna un peu la tête.

— Elle s'est tuée, dit-il... la corde...

Odette s'arrêta au pied de la voiture; à la hauteur de son visage, elle apercevait la masse sombre du corps étendu. Doutre déplaça le rayon de sa lampe, et la corde apparut, enroulée autour du cou de Hilda, comme un serpent repu. Les cheveux blonds flottaient encore, en mousse légère.

— Pierre, fit doucement Odette.

Doutre se releva, en prenant appui au montant de la porte, avança dans la roulotte, se pencha. Le reflet de sa torche creusait d'ombres pathétiques son maigre visage. Il se redressa, passa sa main ouverte sur ses yeux.

— Pourquoi? chuchota-t-il.

— Mon pauvre petit!

Son aspect était si impressionnant qu'Odette recula, instinctivement, tandis que Doutre descendait les marches. Il s'assit lourdement, tête basse.

— Moi, ça ne m'étonne pas, tu sais, dit Odette.

Il l'écarta d'un geste brusque.

— Va chercher Vladimir. Et surtout ne courez pas. Que Greta ne se doute de rien. Il sera toujours temps de lui apprendre...

Tout ce bleu, toute cette douceur, et cette femme allongée derrière lui! Quand donc finirait le rêve? Quand donc viendrait le matin?...

Odette s'éloignait à pas mesurés. Elle toucha Vladimir à l'épaule et il sursauta.

— Hilda s'est tuée, fit-elle... Tuée... Tu comprends ?

Mais il semblait ne pas comprendre. Odette précisa :

— Étranglée... avec la corde.

Cette fois, Vladimir se releva.

— Quand ?

— Nous venons de la découvrir.

Vladimir, sourcils froncés, retournait la nouvelle dans sa tête. Étranglée ! Oui, ça, il comprenait parfaitement. Il en avait tellement vu, des fusillés, des pendus, des suicidés... D'un coup de talon, il enfonça l'enjoliveur, puis il s'essuya les mains en les frottant sur le sol.

— Viens !

Mais Vladimir prenait toujours le temps de réfléchir. Et il y avait quelque chose qui le troublait et qu'il essaya de traduire.

— Il fait trop beau pour mourir, dit-il, en éteignant la baladeuse.

Il suivit Odette, et elle l'entendait qui grommelait entre ses dents :

— Méfiance... Méfiance...

Doutre les attendait au bas des marches. Il tendit, sans un mot, sa lampe à Vladimir. Vladimir alluma, et contempla la morte, longuement. Ce visage boursouflé, cette langue gonflée, ces yeux exorbités, oui, c'étaient des images familières. Des signes qui ne trompent jamais. Ses doigts passèrent légèrement sur les paupières, pour les fermer.

— La corde ! souffla Odette.

Il desserra, délivra le cou fragile, marqué d'une profonde empreinte, couleur de ventouse.

— Pas de nœud coulant, observa Vladimir.

— Tu entends ? dit Odette.

Doutre escalada les marches.

— J'entends. Mais, pour s'étrangler, il suffit de tirer sur les deux bouts d'une corde, non?

— Pas possible, dit Vladimir.

— Quoi, pas possible?

— S'évanouir avant!

Doutre se retourna vers Odette.

— Qu'est-ce qu'il raconte?

— Il dit que quelqu'un qui veut s'étrangler n'a pas la force d'aller jusqu'au bout. Il perd connaissance, et cela le sauve.

— Elle... tuée, ajouta Vladimir.

— Mais bougre d'idiot, cria Doutre, regarde avant de parler.

Il lui enleva la torche des mains et éclaira le fond de la roulotte.

— Tu vois bien qu'il n'y a personne, et nous étions dehors, nous. Tu saisis? Dehors! On voyait les marches, la porte, comme je te vois. Elle est entrée...

Il s'interrompit. Le jet de lumière illuminait une table renversée, et une épée dont la lame scintillait sur le plancher.

— Elle a crié, fit remarquer Odette.

Doutre ramassa l'épée, en appuyant la pointe sur un pied de la table, et la lame disparut dans la poignée.

— Elle a crié, oui... et pourtant personne n'a pu l'attaquer. Il a bien fallu qu'elle se tue.

— Non, dit Vladimir.

— Alors quoi? fit Doutre, accablé.

Vladimir enroulait la corde autour de son bras, car il aimait l'ordre. Du menton, il montra la roulotte, tous les accessoires empilés, la cage aux tourterelles.

— Méfiance, murmura-t-il.

— Ah! j'aurais dû venir à sa place, gémit Doutre.

Il ne tenait plus debout; il ne savait plus où arrêter

ses yeux. Il avait envie de s'en aller, tout seul, sur la route où se découpait, avec une hallucinante minutie, l'ombre des pins. Et soudain, la porte de l'autre roulotte s'ouvrit.

— Où êtes-vous? cria Greta.

Ils l'avaient oubliée. Odette regarda Pierre.

— Toi, dit-il... Vas-y!

Greta avait aperçu leur groupe. Elle descendit en sifflotant, et le même malaise s'empara d'eux: c'était la morte qui semblait s'approcher, dans sa robe blanche, effleurant à peine le sol. Odette elle-même paraissait troublée.

— Éteins, ordonna-t-elle à Vladimir.

Elle marcha au-devant de la jeune fille, la serra contre elle, lui fit lentement rebrousser chemin; leurs deux ombres presque confondues passaient entre les arbres. Doutre attendait. Vladimir aussi. Le véritable crime, ils avaient l'impression qu'il allait se commettre maintenant. Odette parlait; ils reconnaissaient sans peine le bourdonnement grave de sa voix. D'une seconde à l'autre, Greta allait recevoir le coup. « Qu'elle lui dise la vérité tout de suite! » souhaita Doutre. Il ne pouvait plus attendre. La tête commençait à lui tourner. Odette entoura de son bras les épaules de Greta. Doutre s'appuya à la cloison. Et soudain, là-bas, la silhouette blanche glissa le long de la silhouette noire, sans un cri, et Doutre tomba sur les genoux. Vladimir essuya sur ses flancs ses mains trempées de sueur et sauta en bas, pour aider Odette à relever Greta. Ils l'emmenèrent; elle hoquetait comme si elle avait perdu tout son sang par quelque plaie béante. Doutre resta seul auprès du cadavre. « Je souffre... Je souffre horriblement, mais je suis délivré... C'était monstrueux, ce double amour... Merci, Hilda... » C'était comme une voix qui parlait toute seule, dans sa tête ou dans sa poitrine. Peut-être pouvait-on l'entendre. Et il ne fallait point songer à la faire taire. La lune avait bougé, dans le ciel. Sa clarté pénétrait peu à peu dans la roulotte. Elle avançait comme une eau qui monte, mouillait de bleu les jambes de la morte. Dans leur cage, les tourterelles s'agitèrent avec un bruit de plumes froissées contre les barreaux. « Je t'aime toujours autant, disait la voix, puisque tu es toujours là. Tu as changé de nom. C'est peu de chose. Et pourtant, c'est tout. Et maintenant, je peux vivre. Merci... » Des lumières passaient et repassaient aux lucarnes de la roulotte où Greta devait, à son tour, chercher à comprendre. Doutre s'assit, le dos à la porte, si faible qu'une poussée l'aurait jeté à bas de la voiture. Le rouleau de corde gisait, au pied du divan, là où Vladimir l'avait jeté avant de sortir. La corde du professeur Alberto !... La corde magique à laquelle Annegret grimpait chaque soir... Non, le matin ne viendrait jamais plus. Le silence se fit en lui. Se traînant sur les genoux, il se pencha au-dessus du corps, posa ses lèvres sur le front qui brillait, dans l'ombre comme un petit caillou. Puis il arracha la couverture de sa couchette, et recouvrit la forme immobile.

Vladimir reparut. Il discutait tout seul et haussait les épaules. Il traversa la route, monta dans la camionnette, remua des outils. Il revint avec une pelle et une pioche. Du coup, Doutre retrouva ses forces. Il dégringola les marches, courut jusqu'à la roulotte d'Odette.

— C'est toi qui...?

— Oui, c'est moi.

Elle était assise au bord de son lit et tenait les mains de Greta, allongée à côté d'elle. Doutre marcha sur la pointe des pieds.

— Chut! fit Odette. Elle a été très courageuse, mais elle est assommée. C'est normal.

— Quoi! Elle dort?

— Non.

— Tu l'as interrogée?

— Oui. Elle prétend que sa sœur était très malheureuse.

— Pourquoi?

— Tu le demandes?

Greta ouvrit les yeux, regarda Doutre et se mit à pleurer. Il poussa Odette vers le fond de la roulotte.

— On ne peut tout de même pas enterrer Hilda comme ça... J'ignore ce qu'on fait, dans ces cas-là... mais il me semble qu'on doit prévenir les autorités, la police...

Odette, la tête levée vers lui, regardait remuer ses lèvres. Elle semblait attendre quelque chose.

— Tu veux la garder? chuchota-t-elle enfin... Tu veux que les gendarmes fassent une enquête?

— Ils constateront le suicide, voilà tout.

— Et tu leur expliqueras, toi, qu'il y avait deux filles avec nous, mais qu'on en cachait une... Drôle de façon de les mettre en confiance!... Et s'ils ont la même réaction que Vladimir?... S'ils nous soupçonnent tous les quatre?

— C'est grotesque!

— Peut-être. Mais c'est possible. Tâche de comprendre, pour une fois. Nous cachions l'une des filles... Ça suffit à nous rendre suspects.

— Admettons.

Doutre se mordillait un pouce, les sourcils rapprochés.

— Et le public? reprit Odette. Tu as pensé au public... aux journaux?... Nous serons complètement coulés. On ne nous pardonnera pas...

— De toute façon, le numéro...

— Ça me regarde. On se débrouillera toujours. Tandis que si l'affaire s'ébruite...

— On ne va tout de même pas l'enterrer comme un chien, dans un trou?

— Tu sais, la terre vaut un cercueil.

— Quand même! Rien que pour Greta...

— Greta n'est pas si bête que toi, mon pauvre garçon!

— Tu es d'un sang-froid!

— Et toi d'une inconscience!

Odette regarda le réveil.

— Deux heures vingt! Nous ne rencontrerons personne... Reste ici... Tiens-lui compagnie... Vladimir va m'aider. Je vous appellerai quand tout sera prêt.

Doutre s'écarta pour la laisser passer.

— Tu es bien d'accord, dit-elle. Plus tard, tu ne me feras pas de reproches?

— Nous aurons à parler.

— Tant que tu voudras.

Elle sortit, laissant derrière elle une odeur de tabac et d'eau de Cologne. Doutre s'accroupit près de Greta, mais il ne pouvait s'empêcher de tourner la tête vers la porte, comme si l'autre pas familier allait retentir sur la terre sèche. Et cependant, le temps des précautions, des regards en arrière, des alertes et des feintes, était bien fini.

— Greta... je suis désespéré... Je l'aimais aussi... moins que vous. Mais je l'aimais... Je ne sais comment vous expliquer...

Elle lui caressait la main. Elle n'essayait même pas de comprendre.

— Tout est venu par ma faute, Greta. C'est à cause de moi qu'elle est morte. Si seulement je pouvais oublier!

Il se frappa la tête de son poing fermé puis tomba dans une sorte de torpeur proche du sommeil. Odette le secoua doucement.

— C'est fait... dépêchons!

Et il connut alors la nuit la plus extraordinaire, une nuit qu'il ne se lassa plus jamais de revivre. Au pied de la roulotte, Vladimir attendait; il portait dans ses bras le corps complètement enveloppé de Hilda; c'était moins un corps qu'un paquet soigneusement ficelé, qui n'avait rien de macabre. Odette s'était chargée de la pelle et de la pioche. Lui, soutenait Greta, qui se laissait conduire comme une aveugle. Ils marchaient en file, sous les pins, dans une lumière de conte de fées. Parfois, ils traversaient une clairière et les étoiles brillaient comme à portée de la main, en grappes, en touffes, en bouquets; le ciel aussi sentait la résine, la fleur sauvage. Puis ils défilaient à l'ombre des arbres et mille dessins capricieux glissaient sur le dos de Vladimir, montaient le long du corps d'Odette, formaient un mouvant grillage sur la face exsangue de Greta. Le sentier tournait; il y avait, à droite, un moutonnement laiteux de cimes, un fond de vallée plein d'une ombre solennelle et, quelque part, au fond de la nuit enivrée, un murmure de ruisseau, un bruit délicat, intermittent d'eau vive. Doutre avait l'impression d'aller à quelque surprenant rendez-vous. Jeté hors de lui-même, il ne sentait plus aucune fatigue. Il serrait Greta contre lui, l'enlaçait d'un bras vigoureux; elle n'avait jamais été à lui autant que cette nuit-là. Et, en même temps, il éprouvait une douleur tenace, non pas dans sa chair, mais dans son esprit. C'était une courbature affreuse de la pensée, une sorte d'amnésie qui lui dérobait son passé, son histoire et jusqu'au souvenir de cette atroce veillée. Il était heureux dans son corps, gonflé de toutes les voluptés éparses. Et cependant le bruit du ruisseau éveillait en lui un goût de larmes.

— On va plus loin? demanda Vladimir.

— Le plus loin possible, répondit Odette.

Ils pénétrèrent dans un sous-bois touffu, où la lune

faisait pleuvoir des piécettes blanches. Vladimir s'arrêta pour se reposer. Odette tâta le sol, de la pointe du pied, secoua la tête.

— Plus bas, ce sera plus facile.

Entre les branches, ils aperçurent les blocs couchés dans le torrent, l'eau pétillante d'étoiles. Autour d'eux, la forêt entrouvrait des cavernes de nuit transparente, des chemins d'amoureux où flottait un brouillard de lumière mourante.

— Par ici! dit Odette.

Ils atteignirent la berge du ruisseau et Odette choisit elle-même le terrain, traça, de l'angle de sa pelle, comme une jardinière diligente, le contour de la tombe. Sans un mot, Vladimir commença à creuser. Doutre voulut l'aider.

— Laisse, dit Odette. Tu ne saurais pas faire.

La bêche mordait profondément dans la terre grasse et jetait de brefs éclats, mais rien, dans la scène, n'était cruel. Le sol éventré répandait un âcre arôme de térébinthe et de bruyère. Odette s'assit sur un rocher. Son bras sur l'épaule de Greta, Doutre attendait patiemment la fin de la cérémonie. Il pouvait regarder sans frémir le paquet déposé sur l'herbe. Nous sommes des campeurs, songeait-il, nous installons notre camp. Cela devenait très vite un jeu qui tenait aa large les pensées graves. Peu à peu, Vladimir s'enfonçait dans la fosse. Il balançait d'un geste plus large des pelletées de mottes truffées de cailloux ronds. La lune avait sombré derrière la pente et seul le reflet de l'eau accrochait un fil de lumière verdâtre à leurs silhouettes.

— On peut, dit Vladimir.

Il rampa hors du trou. Sa respiration précipitée faisait un petit nuage.

— Mets-la bien à plat, murmura Odette.

Ils saisirent le paquet, le laissèrent tomber au bord

de la tranchée. Greta s'avança et émietta au-dessus du corps une poignée de terre. Vladimir, les poings sur le manche de sa bêche, récita une longue prière dans une langue qui était peut-être du polonais ou du russe.

— Personne ne la retrouvera jamais ici, dit encore Odette.

Et comme Greta recommençait à pleurer :

— Emmène-la, ajouta-t-elle. Nous allons finir.

Ils remontèrent tous deux, à travers la forêt enchantée, et, à mesure qu'ils sortaient du vallon, ils retrouvaient le clair de lune, sous les arbres, plus pâle, et déjà rongé de jour. Le visage de Greta, marqué par la fatigue, crispé par une grimace de chagrin, se mettait à ressembler à celui de la morte et Doutre avait hâte d'arriver aux roulottes. L'aube, il le sentait, allait amener la peur. Un poids lourd ferrailla sur la route. Doutre conduisit Greta jusqu'à sa voiture.

— Je suis là, dit-il. Vous n'avez rien à craindre.

Il l'embrassa sur la tempe, referma la porte et attendit le retour d'Odette. Pourquoi Greta aurait-elle craint quelque chose ? Il se posait la question mais se persuadait qu'elle était absurde, puisqu'il allait épouser Greta dans quelques semaines ou dans quelques mois, quand elle aurait oublié sa jumelle. Et lui ? Est-ce qu'il oublierait ? Il en était sûr. Il était tellement pressé d'être heureux !...

Vladimir rangea les outils. Odette se versa à boire.

— Un doigt de fine, petit. Tu en as besoin... Elle est couchée ?

— Oui.

Vladimir accepta un verre d'alcool et dit quelque chose, en allemand. Odette fronçait les sourcils.

— Qu'est-ce qu'il raconte ? demanda Doutre.

Odette haussa les épaules.

— Il prétend que ce n'est pas clair, cette histoire de corde.

— Comment cela?

— Le fait est... reprit Odette. Mais pourquoi toujours réfléchir, toujours s'interroger?... Elle est morte, elle est morte.

Vladimir grommela une phrase obscure, en reposant son verre.

— Quoi? cria Doutre. Parle... Explique-toi...

— Il dit que la corde n'est pas venue lui serrer le cou toute seule, traduisit Odette.

Ils se regardèrent tous les trois, en silence.

— Qu'est-ce qu'il a encore été se fourrer dans la tête? murmura Doutre.

— Il vaudrait mieux dormir, coupa Odette... Bonsoir!

Ils se séparèrent, Vladimir disparut dans la camionnette. Odette referma la porte de sa roulotte. Doutre choisit un lit d'aiguilles de pin, fines et souples, et se coucha sur le dos. Le jour venait, doucement, comme un voleur.

VIII

Avant la fin de la représentation, Odette savait que la partie était perdue. Rien ne marchait. Pierre s'appliquait trop. Greta était distraite. Le spectacle traînait. Blasés, les spectateurs applaudissaient du bout des doigts. Ils cachaient à peine leur déception. Les cartes, les boules, les dés magiques, oui, on connaissait cela depuis longtemps. Le premier bateleur venu en fait autant, sur la place du marché. Pourquoi donc cette fille blonde, cette Annegret, dont tous les journaux avaient parlé, ne se dédoublait-elle plus ? C'était cela qu'on voulait voir...

Doutre, dans la coulisse, eut le temps d'échanger quelques mots avec Odette.

— Eh bien ?

— C'est raté, dit Odette. Huit jours comme ça et nous n'avons plus qu'à aller nous rhabiller... Toi, on dirait que tu passes un examen ; et elle, non mais, regarde-la... Elle dort debout.

— Elle ne dort pas, fit Doutre entre ses dents ; elle a peur.

— Quoi ?

— Elle a peur.

— De quoi ?

— Tu lui demanderas.

Elle avait peur! Odette en fut certaine, au moment de la corde indienne. Greta observait la corde, en éprouvait la tension, ne se décidait pas à monter.

— Allons, souffla Odette. Vite!

Greta, pâle sous son fard, hésitait. Puis, au lieu de flâner en chemin, d'incliner la tête, de balancer le bras et la main, elle se hâta de grimper jusqu'à l'extrémité de la corde. Lorsqu'elle disparut, d'un coup, sous le voile noir que Vladimir laissait tomber du cintre, Odette aperçut des gens qui souriaient. Un public populaire aurait ri franchement, lancé des plaisanteries. Tout le numéro était à reprendre. Mais comment? Odette ne cessa d'y réfléchir tandis qu'elle commençait, avec Pierre, ses expériences de transmission de pensée. Pierre était adroit, heureusement, et, dès qu'il n'avait plus Greta pour partenaire, il retrouvait sa nonchalance impertinente et ennuyée qui, ici, faisait merveille. — Qu'est-ce que je touche? — Un sac à main. — Et dans ce sac à main, que voyez-vous? — Je vois un poudrier d'argent...

Demandes, réponses, se succédaient à toute allure. C'était facile, mais d'un effet sûr, et les femmes regardaient avec intérêt ce grand garçon qui, les yeux bandés, les pieds joints, semblait promis à quelque exécution. Le mot déclencha l'idée. Voilà. C'était le thème de l'exécution qu'il fallait développer... Pierre jouant l'espion... Greta et elle, masquées, derrière une longue table éclairée par un flambeau... Pierre condamné... Greta lui bande les yeux... « Pas la peine, dit-il, je devine tout ce que vous faites... vous prenez un revolver... » ...bon... etc... l'exécution a lieu... On met le corps dans une première malle... Ah! on a oublié de lui enlever son portefeuille... On rouvre la malle... Le corps n'y est plus... mais on le retrouve dans la panière... bon... la suite est facile... Il n'y a plus qu'à broder sur le thème... Odette perfectionnait déjà son projet, tout en menant rondement son numéro. Elle avait l'habitude de penser sur deux plans distincts et elle sentait que ce sketch plairait; au besoin, pour entretenir la curiosité, elle confierait aux journalistes qu'Annegret était fatiguée, mais qu'elle reprendrait ses exercices de bilocation dans quelques semaines...

C'était la fin du spectacle. Elle salua et, comme Vladimir s'apprêtait à relever le rideau :

— Te fatigue pas, dit-elle. Il nous ont assez vus!

Doutre allumait une cigarette avec des doigts tremblants.

— On est cuits, hein? demanda-t-il.

— Peut-être pas. J'ai une idée... Si cette folle veut bien nous aider!

Sur-le-champ, elle se mit à exposer son plan, tandis que les derniers spectateurs quittaient la salle. Vladimir apportait sur la scène les panières et les malles, à mesure qu'Odette en avait besoin pour sa démonstration. Dans la coulisse, Greta regardait.

— Il y aura un petit texte à mettre au point, bien entendu, expliquait Odette, mais le principe du numéro est enfantin. On fait percer deux trappes dans le plancher; tu disparais par l'une et tu remontes par l'autre. Il suffira de poser très exactement les malles, les panneaux mobiles sur les trappes. Ça te plaît?

— Moi, oui... Mais elle?

— Greta?

— Est-ce qu'elle acceptera de...

— Mais voyons! D'abord, c'est toi qui seras enfermé. Pas elle.

— Mais c'est elle qui sera chargée de refermer le couvercle... et même si c'était toi, je crois qu'elle refuserait.

— C'est grotesque! Elle sait bien qu'il ne peut rien t'arriver.

Doutre baissa la voix.

— Là-bas non plus, il ne pouvait rien arriver...
Attends! Laisse-moi parler... Surveille-la, sans en avoir
l'air. Tu observeras ses mains, ses yeux... Elle est
terrorisée. Elle sursaute si on lui parle. Et pas question
de lui faire toucher un guéridon, ou le chapeau, à
plus forte raison les panières... Elle est persuadée que
sa sœur a été victime d'un truc.

— Un truc?

— Je sais. Ça paraît idiot, ce que je dis. Oui, un
truc. Prise au piège, si tu préfères.

— C'est elle qui t'a raconté ça?

— Non, mais ça crève les yeux.

— Un piège... il y a toujours quelqu'un qui le prépare!
Doutre écrasa soigneusement, de la pointe du
soulier, sa cigarette sur les planches.

— Tu sais, dit-il, elle ne voit pas si loin.

— Et toi?... Toi qui vois loin?

— Oh! moi.
Il tourna les talons et rejoignit Greta qui attendait,
au pied d'un poteau où s'enroulaient d'énormes cor-
dages semblables aux manœuvres d'un voilier.

— Vous venez, chérie? On s'en va.
Greta ne le quittait pas des yeux, comme un animal
prêt à fuir. Doucement, il lui prit la main.

— Minute, dit Odette. Je n'aime pas beaucoup
vos façons, à tous les deux. Hast du wirklich Angst?
Woher hast du Angst? Du glaubst, deine Schwester
wurde umgebracht?

— Nein, nein, fit Greta, déjà prête à pleurer.

— Qu'est-ce que tu lui racontes? cria Doutre. Je te
prie de la laisser tranquille.

— Toi, mon petit bonhomme, commença Odette.
Elle hésita, les considéra l'un après l'autre, et ses
yeux seuls se déplaçaient, de gauche à droite, de
droite à gauche.

— Oh! puis, après tout... conclut-elle... Vladi, laisse tout en place. On viendra répéter demain matin. Il faudra bien que ces deux imbéciles se décident.

Elle s'éloigna en claquant du talon. Vladimir écarta les bras, signifiant que ce n'était plus un métier, et Doutre lui tendit son paquet de cigarettes. Un léger courant d'air faisait remuer l'ample rideau, et les accessoires, disposés sur la scène, prenaient à la lumière de la herse, une allure d'épaves. Doutre alluma son briquet, l'offrit à Vladimir.

— Écoute, vieux, murmura-t-il, explique à Greta qu'elle n'a rien à craindre. Dis-lui que sa sœur s'est suicidée.

— Suicide... impossible, protesta Vladimir.

— Eh bien, dis-le-lui tout de même... Et puis, qu'est-ce que tu en sais, hein?... D'abord, je ne te demande pas ton avis. Traduis... Hilda s'est étranglée... Allez, vas-y, bon Dieu!

Vladimir s'essuyait les mains à son mouchoir, d'un air lamentable. Il récita d'un trait :

— Hilda hat sich das Leben genommen.

Greta poussa un cri.

— Continue! Continue! fit Doutre... Elle s'est enroulé la corde autour du cou et elle a tiré sur les deux bouts, d'un coup sec... Il n'y a pas d'autre explication.

Vladimir parlait très vite. Dès qu'il s'interrompait, Doutre reprenait :

— Elle était jalouse. Elle m'avait vu quand je suis entré dans la roulotte, quand je t'ai embrassée... Maintenant, Greta, il faut bien vivre... Alors il faut oublier... Personne ne veut te faire de mal... Surtout pas moi...

Vladimir, tout en traduisant, jetait à Doutre des regards gênés. Il se tut, puis ajouta soudain :

— Excusez... Vladimir très désolé...

— Bon, ça suffit, dit Doutre. Tu peux filer.

Il resta seul, debout devant la jeune fille, tandis que les pas de Vladimir résonnaient dans le silence du théâtre.

— Greta...

Il s'approcha d'elle, lentement, l'attira contre lui.

— Greta... nous pouvons vivre, maintenant... Ach! zusammen leben!

Elle secoua la tête et des larmes jaillirent de ses yeux, mouillèrent les mains de Doutre.

— Greta... Tu sais que je t'aime.

— Ja.

— Alors?

— Ich will fort!

— Comment?

Il chercha un peu avant de comprendre.

— Tu veux partir? Tu es malheureuse, avec nous?

— Ja.

— Parce que Hilda n'est plus là?

— Ja.

— Hilda ne t'aimait pas, elle.

Greta le repoussa violemment et Doutre n'essaya même pas de traduire ce qu'elle disait sur un ton d'indignation.

— Non, reprit-il. Elle ne t'aimait pas. J'en suis sûr... Et tu serais bien bête, maintenant de... Enfin, Greta, je suis là, moi... Ich bin doch da!

Il la saisit aux épaules, caressa ses cheveux, ses tempes. A quoi bon parler, ânonner des pauvretés avec un accent ridicule! Qu'elle demeure, ah! surtout, qu'elle demeure là! On ne lui demande rien d'autre. Et si elle n'aime pas, qu'elle se laisse aimer...

Il la serra plus fort, posa ses lèvres sur chaque paupière qui battait, palpitait comme un cou d'oiseau, une gorge de tourterelle. Derrière le rideau, il y avait la salle vide, les rangées de fauteuils silencieux, et il prolongeait ses baisers comme s'il avait défié quelqu'un. Ses lèvres descendirent le long de la joue, trouvèrent l'endroit de la brûlure, sentirent le modelé neuf de la peau, son velouté plus mince et plus lisse. Comme il aimait ce signe qui faisait de Greta une vraie femme! Ce qu'elle pensait, ce qu'elle disait, quelle importance! Seul comptait le poids de ce corps dans ses bras, et ce corps, peut-être parce que Hilda était morte, prenait soudain une réalité, une importance presque terribles. Il n'y avait plus que lui au monde. Il était à la fois la torture et la délivrance. Greta voulut parler et Doutre lui mit la main sur la bouche. Une statue vivante et privée de conscience, docile à tous ses caprices, voilà ce qu'il aurait désiré. Mais non, pourtant. Il voyait les yeux bleus, tout près des siens, et, dans ces yeux une protestation, une sorte de recul. Elle était encore à conquérir et c'était mieux ainsi. Il chercha la bouche qui se déroba, puis se soumit, sans consentir à s'ouvrir, et il s'avisa qu'il était sans doute odieux.

— Greta, mon chéri.

— Ich habe Angst...

— Mais c'est ridicule. De quoi as-tu peur?

Elle regarda autour d'elle, la scène avec son rideau parcouru de gros plis mobiles, comme des vagues, les coulisses où pendaient des câbles, des filins, des amarres, et, sur un guéridon, la corde indienne, celle qui avait tué Hilda.

— Je te jure que tu n'as rien à craindre.

Elle se rejeta contre lui, se cramponna à ses vêtements, balbutiant, la bouche sur sa poitrine, des mots qu'il ne comprenait pas. On pouvait toujours lui parler d'amour! Doutre la tint à distance, au bout de ses bras tendus.

— Regarde-moi... Mieux que ça... Là!... Il n'y a aucun danger, tu saisis? Nicht gefährlich... Tu ne veux pas me croire? Viens!... Si, je veux que tu te rendes compte.

Il la prit par un poignet et l'emmena autour de la scène.

— Ça... tu connais ça, c'est la panière à double fond... pas méchant!... et ça, une table truquée mais tu connais le truc... D'ailleurs, tous les trucs, tu les connais... Mon chapeau, avec les boules dedans... et ici, la boîte à ouvrage où l'on cache les tourterelles... Les épées, tu ne vas tout de même pas avoir peur des épées, non? Et même la corde... Elle n'y est pour rien, la corde. On en achètera une autre, si tu veux... Allons! tu vois bien que tu te faisais des idées!

— Hilda... morden!

— Oui, elle est morte...

— Nein... Morden!...

Elle s'empara d'une des épées et fit semblant de frapper quelqu'un.

— Morden!

Doutre sursauta.

— Assassinée! C'est ça que tu veux dire. Assassinée! Tu es complètement folle! Assassinée! Mais par qui? Elle était seule dans la voiture. Hein? Par qui?

Greta, maintenant, paraissait en colère. Elle fut sur le point de répondre. Il vit, au mouvement de sa gorge, qu'elle formait un mot et que ce mot allait monter à ses lèvres, mais elle se détourna et sortit de la scène.

— Au diable, à la fin! cria Doutre.

Il courut aussitôt la rejoindre et ils roulèrent au hasard, dans la Buick, le long de la mer. Ils étaient épuisés, l'un et l'autre, comme après une déchirante dispute. Ils revinrent au ralenti. L'ombre des palmiers, qui passait sur leurs mains et leur visage, leur rappelait le sous-bois, le cortège au clair de lune. Il n'y aurait plus, pour eux, de nuit complice, de brise amoureuse.

— Je me demande ce qu'on fout là, murmura Doutre.

La vie damnée recommença, mais d'une manière plus subtile. Les querelles avaient cessé. Odette s'efforçait d'être naturelle et Greta parvenait même à sourire. Mais il y avait, à table, cette place vide et il fallait faire un effort pour regarder ailleurs. Les silences étaient effrayants, et il n'y avait aucun moyen d'y échapper. Brusquement, personne n'avait plus rien à dire et l'on n'osait plus avaler. Chacun cherchait un sujet possible. Quel sujet? Les représentations? Elles devenaient de plus en plus pénibles. Le nouveau programme? Odette n'y croyait plus. Alors quoi?... Et comment mettre fin au petit jeu des regards? Il y avait toujours un moment où les yeux rencontraient des yeux et devaient fuir, et un autre moment où, Odette se levant, Greta l'observait; quand Greta sortait de table, c'était Odette qui la regardait. Et si Doutre, par hasard, allait chercher, sur un meuble, un paquet de cigarettes ou un cendrier, il sentait leurs yeux, dans son dos, comme des couteaux plantés. Puis la conversation repartait, cahin-caha, et c'était pire que le silence. La vie de chaque jour coulait dans une angoisse inconnue. Parfois, Greta, sans le faire exprès, relevait ses cheveux, ou cachait de la main la trace, de plus en plus imperceptible, de la brûlure. Alors, soudain, la morte était parmi eux. Doutre la reconnaissait et son cœur trébuchait. Ou bien c'était Odette qui fermait à demi ses paupières tandis que ses doigts pianotaient sur la table. Il y avait une moitié de la jeune fille qui était Greta; l'autre, c'était Hilda. L'imagination, quoi qu'on fît, se plaisait à ces évocations. Doutre en arrivait à guetter les mouvements de Greta. Il pensait : « Ça y est... Elle va surgir! » Et Hilda apparaissait brusquement, et Doutre éprouvait une douleur fine, longue, qui fouillait toujours plus profond et lui coupait le souffle. Et il savait bien qu'Odette...

Odette, un matin, alors qu'ils prenaient tous les deux leur petit déjeuner, lui dit :

— Tu as remarqué?

— Quoi?

— Son visage.

— Non.

— La cicatrice... On ne la voit plus.

Le silence tomba entre eux. Doutre attendit Greta et, du premier coup, découvrit que c'était vrai. La peau reprenait sa couleur normale. Encore quelques jours, et Greta... Il ne saurait plus qui reposait là-bas, au bord du ruisseau, sous les pins. « Je deviens malade, pensa-t-il, Greta reste Greta. C'est une certitude! » Longtemps après le départ de la jeune fille, il dit à Odette :

— On sait bien que c'est Greta, tout de même!

— On a beau le savoir..., fit Odette, en secouant ses boucles d'oreilles de tireuse de cartes.

Ce fut un nouveau tourment, plus rongeur que tous les autres. Et pourtant, chacun des autres était accablant. Le nouveau spectacle qu'ils présentèrent à Nice ne donna rien. Ce cadavre qu'on découvrait, de malle en panière, c'était à la fois macabre et comique. Et puis, Odette et Greta, côte à côte, non, ce n'était pas possible. Odette avait encore trop d'orgueil.

— Bon, annonça-t-elle enfin, il vaut mieux jeter l'éponge.

— Pourquoi? dit Doutre.

Elle souleva ses seins trop lourds, les regarda, avec ce rapide battement de la lèvre que Doutre connaissait bien.

— Pour ça!

On parla d'autre chose, mais Odette, à partir de ce moment-là, cessa toute culture physique et ne se priva plus de manger. Elle paya un dédit à la direction du théâtre et se mit à chercher le thème d'un nouveau sketch. Quand Doutre s'approchait, proposait de l'aider, elle se rebiffait.

— Va-t'en! Va te promener. Emmène-la, surtout. C'est à cause d'elle que tout est arrivé.

Doutre ne discutait pas. Il ne discutait jamais plus; il se réfugiait dans le silence. Même auprès de Greta, il se taisait. A petits pas pleins d'ennui, ils se promenaient, épaule contre épaule. Greta avait acheté des lunettes noires. Ses yeux avaient disparu. Doutre touchait-il sa main, elle demeurait inerte et sans réponse. Montrait-il la mer en faisant semblant de nager?

— Ja!

Murmurait-il, à bout de courage :

— On rentre?

— Ja!

Il avait souhaité qu'elle fût une statue sans conscience et docile. Il était exaucé. Elle supportait même ses baisers sans impatience. Elle était ailleurs. Et, jour après jour, son visage retrouvait sa pureté inhumaine. Celui d'Odette, pétri par le souci, prenait le teint plâtreux d'un masque. Vladimir évitait ses maîtres. Désœuvré, il allait pêcher sur la côte, et revenait toujours bredouille. Le temps était immuablement beau. Il y eut des incendies de forêt, dans la région de Brignoles. Les journaux publièrent des photos hallucinantes : collines pelées, moignons de pins fumants, nuages de cendre nivelant les creux. Ils surent que le corps ne serait jamais retrouvé. Mais Hilda était de retour : Greta était complètement guérie et l'illusion était parfaite. On pouvait croire que les jumelles habitaient, comme autrefois, comme avant, la caravane. Odette et Doutre devenaient de plus en plus nerveux. Greta, quand personne ne la surveillait, avait des crises de larmes. Elle acheta un indicateur. Mais Doutre le découvrit, dans son sac.

— Pour quoi faire? demanda-t-il... Tu veux t'en aller? Ça va. Je le confisque.

Il le montra à Odette.

— C'est clair, dit-elle. Tu ne vois pas qu'elle en a soupé, de nous? Pour une fois, je la comprends.

— On ne peut pas la laisser partir. Où irait-elle?

— A Hambourg, je suppose.

— C'est de la folie.

— La vraie folie, c'est de la garder, dit Odette. Nous sommes au bout du rouleau. Moi, pratiquement, je ne compte plus. Toi, tu peux t'en tirer, oh, petitement, en lever de rideau. Mais elle? A quoi veux-tu qu'on l'emploie?... Tu y as pensé? Non. Tu ne penses jamais à rien. Elle, c'est Annegret, et Annegret représente, pour le public, quelque chose d'extraordinaire. C'est elle qui nous coule, en ce moment. Il faut regarder les choses en face. Le public ne s'intéresse pas à nous. Il ne s'intéresse qu'à Annegret. Et puisque nous ne pouvons plus lui présenter le numéro d'Annegret... Conclus!

— On pourrait quand même essayer...

— Essayer quoi? Je ne cesse d'écrire aux agences. Toujours la même réponse : « Vous avez Annegret; rétablissez l'ancien programme. »

— Et si elle s'en allait, qu'est-ce que cela changerait?

— Je te trouverais un engagement tout de suite. Ce ne serait peut-être pas merveilleux, mais on s'en tirerait.

— Oui, je vois, fit Doutre rageusement. Les tournées dans les petits bleds, les bouis-bouis...

— Nous avons bien vécu comme ça, nous, durant des années...

— Tu appelles ça vivre. Tu vas me dire que mon père vivait!...

— Crois-tu que je...

— Toi, tu es finie. Moi, j'ai vingt ans.

— Petite vipère, fit Odette. Tu sais pourtant bien que si nous en sommes là...

Ils se turent, respirant bruyamment comme deux lutteurs, après une première prise.

— Si nous en sommes là? interrogea Doutre.

Greta parut, en bas des marches, dans une longue robe couleur paille, serrée à la taille par une cordelière. Elle était comme une gerbe et Doutre tourna le dos à Odette. Il l'entendit qui murmurait :

— Oui, cours vite! Profite d'elle!... Ça ne durera plus longtemps!

Déjà, il dévalait le petit escalier, prenait la main de Greta. A chaque nouvelle rencontre, il se sentait ainsi porté par un espoir fou. Et puis, à mesure qu'il marchait auprès d'elle, il sentait à quel point elle lui échappait et il cessait de voir la mer, les voiles blanches, la ville en fête.

— Greta, dit-il, c'est bien vrai? Vous voulez partir?

— Ja.

— A Hambourg?

— Ja.

— Vous savez que je vous aime?

— Ja.

Il soupira. La Promenade des Anglais s'ouvrait devant eux, comme une allée enchantée.

— Vous savez que je veux vous épouser?... Mariés... heiraten?

Elle s'écarta de lui.

— Pas possible.

— Pourquoi?... A cause de Hilda?

— Ja.

— Mais Hilda dirait oui.

— Hilda... morden!

Il y avait, chez cette fille, une obstination de bête.

Pas moyen de parler sans en revenir toujours là. Morden! Morden! Et après?

— Greta, vous me connaissez?

Elle lui jeta un rapide regard mais ne répondit pas.

— Je ne vous laisserai pas partir... Jamais... niemals! Vous êtes à moi. Vous m'avez donné votre parole.

— Nein.

— Greta! écoutez-moi... vous trouvez que nous ne sommes pas assez malheureux? Vous voulez que moi aussi... avec la corde...

Il fit le geste de serrer et elle lui saisit le bras.

— Alors, dit-il, ne vous refusez pas toujours... Embrassez-moi... Liebe!... Greta... Tu te rappelles!

Il la harcela jusqu'à ce qu'elle pleure et il la suivit, honteux, tandis que des promeneurs se retournaient. Mais il ne pouvait plus chasser de sa tête cette idée : elle va partir. Elle va profiter d'un moment où je la laisserai seule.

Il donna la consigne à Vladimir :

— La nuit, tu montes la garde, sans te faire voir... Le jour, je m'arrangerai.

Mais, même la nuit, il se relevait, ouvrait la porte, regardait la caravane. « Elle est là, songeait-il. Prisonnière. Elle mène une vie pitoyable. Est-ce ma faute?... »

Il essayait de regarder jusqu'au fond celui qui avait été le petit Doutre... Non, ce n'est pas ma faute. Je l'aime, donc je me défends... Il finissait par s'asseoir, les yeux fixés sur la petite fenêtre de la caravane, et il faisait sauter sa pièce, pile... face... Hilda... Greta... Hilda...

IX

Doutre se fit geôlier. A toute heure, Greta le trouvait
auprès d'elle, et il y avait toujours, dans les yeux du
garçon, la même expression un peu égarée, la même
supplication. Elle lui défendit de l'accompagner. Il
la suivit. Il marchait derrière elle, à sept ou huit pas,
avec une application obsédante. Il ne voyait qu'elle,
son dos doré, ses hanches qui roulaient un peu, et,
quand la lumière s'y prêtait, ses longues jambes en
contre-jour, sous la robe transparente. Quelquefois,
il lui laissait prendre un peu d'avance; mais il continuait à sentir son parfum; il lui demeurait lié par
le fil d'un effluve qui était comme un double invisible,
comme une présence qu'il pouvait accueillir, posséder,
retenir en lui, longuement, la tête à demi renversée,
il la humait, l'absorbait à petites bouffées et puis,
brusquement, il se dépêchait de la rejoindre, le cœur
battant, étouffé de tous les mots qu'il ne savait plus
dire. Quelquefois, il s'approchait, tout près, tendait
humblement la main. Elle se laissait prendre le bras;
il avait l'air d'un convalescent encore très fragile.
Tous les moyens lui étaient bons pour intéresser la
jeune fille à son sort, même la pitié. Mais tous les
moyens échouaient. Greta restait sur ses gardes,
comme si elle avait été entourée d'ennemis. Elle

mangeait à peine, goûtait la nourriture du bout des lèvres.

— Pense donc! grommelait Odette, on veut l'empoisonner.

Elle s'enfermait dans sa roulotte, poussant ostensiblement le verrou. Tout, dans son attitude, affirmait qu'elle ne faisait plus partie de la troupe. Elle imagina même d'appeler Odette : Madame.

Odette haussait les épaules, se frappait le front du bout des doigts. Elle avait bien trop de soucis pour prendre la mouche.

— On s'en va, dit-elle un matin, tandis que Doutre se rasait, sur les marches de la roulotte, la tête tournée vers la caravane de Greta.

— Où va-t-on? demanda-t-il distraitement.

— A Toulon. J'ai un engagement pour toi et cette... D'un mouvement de tête, elle compléta sa phrase.

— Vous passerez au cinéma *Variétés*, après l'entracte.

— Hein? fit Doutre. Un cinéma... Nous n'en sommes tout de même pas là.

— Dans quel monde vis-tu? dit Odette.

Il entra dans la voiture, une joue couverte de savon, son rasoir ouvert au poing. Son torse nu était sculpté de muscles fins; des reflets couraient sur ses flancs. Odette serra ses mains l'une contre l'autre. Il emplissait la pièce de jeunesse, de lumière. Elle renonça à sa colère.

— Tiens, dit-elle, voilà le contrat. Il faudra que tu le signes... C'est toi, maintenant, qui les signeras.

Il attrapa une chaise par le dossier, s'assit de biais avec une grâce dangereuse, parcourut le papier.

— Cinq mille par séance?

— C'est inespéré.

— Non, mais... tu parles sérieusement! Nous qui gagnions...

— Tu oublies... l'accident.

Ils étaient tout près l'un de l'autre. Ils se regardèrent. Doutre referma son rasoir, le jeta sur la table, parmi les feuilles dactylographiées.

— Oui, répéta-t-il, l'accident...

Ils restèrent silencieux, lui, les bras croisés, elle, remettant de l'ordre dans le dossier.

— Ce qui est fait est fait, dit-elle enfin. Veux-tu signer?

Elle poussait vers lui un stylo. Il ne bougea pas.

— Il y a des moments, murmura-t-il, où je pense que ce n'est pas Hilda qui aurait dû mourir...

A travers la table, elle tendit la main; il se recula légèrement.

— Peut-être que Hilda m'aimait...

— L'une ou l'autre, c'est tout comme. Allez, n'y pense plus.

Le savon séchait sur la joue de Doutre, s'écaillait. Il le gratta de l'ongle.

— D'où venaient-elles? dit-il. Avant...

— Avant quoi?

— Avant Hambourg.

— Ça! Ce n'est pas une question qu'on pose, tu sais... Les survivants, ils étaient un peu comme des légionnaires... leur passé n'appartenait qu'à eux. Et les filles qui avaient connu l'Occupation... Tu me comprends. Mais ces deux-là, c'est peut-être encore pire. Je crois qu'elles ont toujours été folles.

Doutre relut le contrat, peut-être pour se donner le temps de réfléchir à autre chose.

— Il s'agit surtout de moi, là-dedans, observa-t-il.

— Dame! Suppose qu'elle nous plaque avant la fin.

Les épaules de Doutre se contractèrent. Les muscles roulèrent sous la peau.

— Et pourquoi s'en irait-elle?

— Bon, dit Odette d'un ton conciliant. Signe toujours.

Il secoua la tête, comme une bête harcelée par des taons. Odette lui glissa le stylo dans les doigts.

— Signe!... Au point où nous en sommes!

De nouveau, ils se regardèrent, avec une violence qu'ils ne cachaient plus.

— Tu es libre, reprit Odette. Mais tu ne peux pas refuser... Si tu ne t'étais pas amouraché de...

Il signa, d'un trait qui griffa le papier, prit son rasoir et sortit. Pendant deux jours, il n'adressa plus la parole à personne. La nuit, quand Vladimir veillait, il allait se baigner, cherchant à éteindre ce feu qui couvait en lui, toujours prêt à jeter de hautes flammes. Il s'éloignait de la côte; l'eau était tiède, pleine d'étincelles et de phosphorescences. Il faisait la planche, parmi les étoiles. Il entendait, non loin de lui, des barques froissant la mer. Un choc, l'étrave rencontrant la chair fragile. Ce serait fini. Mais il n'avait aucune envie de mourir. Alors?... Qu'est-ce qu'il voulait?... Le ciel oscillait au-dessus de lui. Il cherchait paresseusement une réponse. Ludwig, autrefois, la lui avait donnée, Ludwig s'écriant : « Du toc, du flan, du bidon! » Mais il était trop tard pour tout lâcher... Doutre venait s'échouer au rivage et se rhabillait dans un trou de rocher. Il était fatigué mais non point soulagé, et il restait encore de longs moments éveillé sur son lit, frottant doucement sa poitrine qui recommençait à brûler.

Et ce fut Toulon. Le cinéma était vaste, le public trop loin de la scène. Les effets se perdaient. Les gens causaient entre eux, suçaient des bonbons. Quelques applaudissements polis saluaient le numéro des bouquets ou celui des tourterelles. Une sonnette lointaine appelait les spectateurs demeurés à la buvette. Doutre se dépêchait, pendant que les retardataires regagnaient leur place. Un dernier tour, un dernier salut. Le rideau glissait. Il fallait débarrasser rapidement le plateau. Odette surgissait, empilait avec dextérité les objets qui découpaient sur l'écran proche des ombres saugrenues. Les lumières baissaient. A peine arrivaient-ils à la porte de dégagement qu'une musique énorme éclatait derrière eux. Le rideau s'illuminait, roulait dans ses plis, en s'écartant, les lettres du générique et alors les vrais applaudissements, ceux du plaisir, de la curiosité, de l'impatience, traversaient la salle obscure, poussaient aux épaules Doutre et Greta courant derrière Odette. Vladimir chargeait la camionnette. Ils se retrouvaient tous les trois dans un café. Dix heures et demie. Il était trop tôt pour regagner les roulottes. C'était une heure dont ils n'avaient pas l'habitude et ils sentaient mieux tout ce qu'ils avaient perdu. Odette buvait une fine, deux fines, trois fines. Elle avait hâte d'interposer entre le monde et elle les gazes, les voiles flous d'une imperceptible ivresse. Creta et Doutre se contentaient d'un demi. Ils rêvassaient, piochant à tour de rôle dans un paquet de cigarettes posé entre eux, sur le marbre. Des musiciens, déguisés en tziganes, jouaient des airs viennois. Doutre, à la dérobée, observait la joue de Greta. Peut-être Hilda n'était-elle pas morte ? Peut-être allait-on la retrouver tout à l'heure ? Peut-être la vie allait-elle recommencer comme avant ? Mais avant, c'était un enfer. Et maintenant ?...

— Greta !

Elle faisait semblant de ne pas l'entendre. Elle regardait du côté du port, vers les navires, vers le large, comme un animal à l'attache. Des marins passaient sur le trottoir. Elle tendait le cou, les suivait des yeux, longtemps. Elle ne l'écouterait plus. Elle était enfermée dans sa rancune et sa haine comme dans une forteresse. Pleurer ? S'humilier ? La prendre de force? Et après? Le pire, c'est qu'il n'y avait d'après pour aucun des trois.

Ils rentraient par les boulevards, en silence. De la montagne proche, descendait une brise qui sentait la terre chaude et quelquefois la feuille brûlée.

— Bonsoir!

Chacun grimpait dans sa voiture. Chacun allumait une petite lampe. Chacun pouvait reprendre son vrai visage, retrouver son vrai tourment, comme un livre dont on a corné la page. Odette, sans doute, alignait des chiffres. Greta s'effondrait parmi les coussins et refaisait, en pensée, le même pèlerinage au bord de la rivière. Doutre marchait. Il avait fini par se ménager une allée qui traversait la roulotte dans toute sa longueur. Il la suivait, mains dans les poches, s'arrêtant quelquefois en chemin, sans raison, devant l'habit suspendu à son portemanteau, ou devant le rouleau de corde. On aurait dû jeter cette corde. C'était indécent de l'utiliser alors que Hilda... Il est vrai que le numéro de la corde indienne était fichu. Pas de machinerie, dans les cinémas. On se bat les mains nues... et on perd! Et après Toulon, où irait-on? Odette écrivait à d'anciens amis, essayait de défendre le prestige déclinant des Alberto. Mais la saison n'était guère propice. En outre, on posait des questions gênantes; on voulait savoir pourquoi Odette avait renoncé au fameux numéro d'Annegret; on faisait aussi remarquer que le jeune Doutre était encore loin de valoir son père et que, dans ces conditions...

Après Toulon, ce fut Sainte-Maxime. Un engagement de huit jours, au casino. Doutre et Greta furent bien accueillis. Doutre circulait, entre les tables, escamotait, sous les yeux des baigneurs ravis, des briquets, des poudriers, exécutait de stupéfiants tours de cartes. Odette, dans un coin, buvait un cognac, surveillait les gestes du garçon. Après la représentation, elle faisait la critique.

— Tu vas encore beaucoup trop vite, disait-elle. Plus on opère au ralenti, plus c'est beau. Et tu parles trop. Suppose que je sois cliente... Allez, approche-toi, vas-y... Là, tu te penches... et tâche de ne pas regarder les femmes avec ton air de petit mâle... Et l'autre idiote, là, qui est raide comme un avaleur de sabres!...

Greta supportait les observations en silence. Mais elle refusa tout net de participer à l'expérience de transmission de pensée.

— Enfin, dit Odette, excédée, tu vois bien qu'il n'y a aucun danger...

Elle comprit qu'elle perdait son temps. Doutre ne fut pas plus heureux.

— Hilda... morden!

Il n'insista plus. Pourtant, il prit à témoin Vladimir, qui graissait les moyeux de la roulotte.

— Si quelqu'un l'entendait, hein, qu'est-ce qu'il pourrait croire!

Vladimir redoubla d'application. Doutre s'assit à côté de lui.

— Et toi, Vladi, qu'est-ce que tu crois?

Vladimir ramassa son pot de graisse, ses chiffons, ses clefs anglaises et alla s'installer devant une autre roue. Doutre le suivit.

— Tu as bien une petite idée?... Une explication?

— Vladimir pas intelligent.

— Tu pourrais peut-être quand même m'aider à raisonner Greta.

— Vladimir occupé.

— Écoute-moi bien, Vladi. C'est important. Tu ne peux pas savoir comme c'est important... A ton avis, est-ce que Hilda a été tuée?

— Sûr, dit Vladimir.

— Bon. Alors par qui?... Tu te rappelles comment

nous étions. Nous pouvions nous voir tous et Greta lavait la vaisselle. Elle est donc la seule qui n'ait pas pu se rendre compte... c'est pour ça qu'elle ne me croit pas. J'ai beau essayer de lui expliquer... Je sens que si j'étais capable de la convaincre, elle me reviendrait... Tu crois vraiment qu'on ne peut pas s'étrangler soi-même?

— Je crois.

— Même en tirant fort?

— Rien à faire... Vladimir a déjà vu... en prison.

Il baissa le nez sur son travail. Il avait horreur de ce genre de confidences.

— Toi qui as l'habitude de bricoler, reprit Doutre, est-ce que tu penses qu'il y a un moyen... c'est idiot ce que je vais dire... un moyen de rendre une corde dangereuse, tu comprends?... Après tout, c'est bien ce que font les braconniers.

Vladimir tourna vers Doutre sa longue figure maigre aux oreilles trop grandes.

— Vladimir a pris des lapins au collet... Faut faire boucle... nœud coulant.

— Oui, évidemment. Alors, quoi?

Doutre se rapprocha de Vladimir.

— Vladi, murmura-t-il, tu nous connais... Est-ce que tu soupçonnes l'un de nous?

Vladimir sursauta et parut très malheureux.

— Non, dit-il, non... Pas possible.

— Greta nous soupçonne, elle.

— Greta malade. Vladimir aussi... Mal dans la tête. Trop réfléchir.

— Tu n'as pas la plus petite idée?

— Non.

— Tu en as de la veine, fit Doutre. Mon père... attends, c'est encore un truc stupide qui me vient à l'esprit... Mon père, aurait-il été capable, lui, de rendre la corde dangereuse? Il savait bien se détacher. Il aurait pu inventer un moyen pour que la corde se resserre, sans nœud apparent, enfin tu vois ce que je veux dire?

— Professeur pouvait tout faire.

— Ça ne nous mène nulle part, observa Doutre. Quelquefois, je m'imagine qu'il y a eu un accident. Mais comment? Avec les guéridons, les malles, les meubles, oui, on peut imaginer des effets imprévus, dans l'obscurité, quand on marche à tâtons. Mais avec une corde! Elle est comme toutes les autres, cette corde. Je l'ai examinée, tu penses!

Doutre se releva, s'épousseta.

— Je me suis demandé, reprit-il, si quelqu'un ne s'était pas caché dans la voiture... un rôdeur... il y en a, l'été, sur les routes... Mais la voiture était vide; j'en suis absolument certain.

— Madame? dit Vladimir... Madame intelligente... Aussi intelligente que professeur... Elle... peut-être... comprendre.

— Ah oui, madame. Tu la feras parler, toi, quand elle veut se taire... Vladi, est-ce que tu accepterais de causer avec Greta?... Tu n'aurais qu'à lui répéter ce que nous venons de dire, que je cherche, que je voudrais trouver... à cause d'elle... Essaie, Vladi. C'est ma dernière chance.

Doutre attendit quelques jours. L'attitude de Greta ne changea pas. Odette, en revanche, devenait de plus en plus difficile. L'engagement tirait à sa fin et elle n'avait rien en vue. Août était un mauvais mois et il faudrait peut-être renoncer à travailler pendant plusieurs semaines. Doutre retournait toutes sortes de projets mais se heurtait toujours aux mêmes évidences : Greta, seule, ne pouvait qu'être une partenaire sans efficacité. Odette, brusquement vieillie, n'était plus d'aucun secours en scène. Impossible d'assurer une représentation complète. Alors?

— Il nous faudrait d'autres jumelles, ou à la rigueur des jumeaux, dit-il à Odette.

— J'y ai pensé, soupira-t-elle. Ce n'est pas ce qui manque, dans les cirques, dans les music-halls. Mais ils ont tous un numéro qui marche; ils sont connus... Et qu'est-ce que tu ferais de Greta?

Il n'osa pas répondre qu'il avait, plus que jamais, l'intention de l'épouser. A son tour, il ouvrit sur le plancher, le carton à dessin, chercha une idée en fouillant parmi les croquis, les plans, les esquisses. Greta cousait, à un bout de la voiture. A l'autre, Odette, les lunettes sur le front, remuait des lettres et des factures.

— Le puits enchanté? proposa Doutre.

— Ça coûterait trop cher, dit Odette avec impatience. En ce moment, on n'a pas à s'écarter.

— La caisse qui se remplit de fleurs?

— Le procédé a été trouvé par Bob Dickson.

— Le Sphinx?

— Il y a un Américain qui fait la même chose à *Médrano*.

— Tu as pensé à Ludwig?

— Il est en tournée dans le Nord.

— Enfin, quoi, bon Dieu, on n'en est pas réduit aux patronages!

Il revoyait le vieux, au collège, avec ses valises timbrées d'étiquettes et ses mains tremblantes d'alcoolique, et il se raidissait, comme une bête poussée à l'abattoir. Une dépêche leur parvint de Marseille. Une offre dérisoire. Cinq jours dans un cinéma, pour remplacer un équilibriste blessé. Ils partirent.

— Je me demande, dit Odette, si nous n'aurions pas intérêt à liquider la Buick et les roulottes.

— Si nous allons à l'hôtel, dit Doutre, elle nous échappera.

C'était devenu sa hantise. Maintenant que la cicatrice de Greta ne paraissait plus, il avait l'impression qu'il lui fallait redoubler de vigilance, comme s'il avait eu deux filles à garder. Odette, de son côté, multipliait les insinuations empoisonnées, faisait remarquer que le compte en banque s'épuiserait vite si on ne décrochait pas un engagement de longue durée, que Pierre se débrouillerait mieux s'il était seul, que c'étaient toujours les mêmes qui travaillaient. Greta, qui comprenait beaucoup de choses, pleurait. Doutre serrait les poings.

— Tu veux qu'elle parte, hein, dis-le!

Il tournait autour d'Odette, le nez pincé par la rage.

— Eh, qu'elle s'en aille, criait celle-ci. Bon vent, la paille au cul.

Doutre se précipitait dans la caravane de Greta, s'excusait, suppliait, menaçait. Il finit par enfermer la jeune fille à clef quand il était obligé de sortir seul. Il lui rapportait des fleurs et du chocolat, en se cachant. Les cinq jours à Marseille passèrent comme un cauchemar. Dans le grouillement bigarré de la ville, Doutre prenait le bras de Greta, d'autorité, la conduisait comme une aveugle. Une seconde d'inattention et elle disparaîtrait dans la foule, il le savait. Il tenait à elle comme on tient à un chat, à une bête d'appartement, faite pour la caresse, et incapable de survivre une heure dans le tumulte d'une ville. De loin en loin, il lui arrivait de sourire tristement, de mesurer son aberration, mais il lui était inutile de penser que Greta était un être humain. Il chassait même cette idée. Libre, Greta? Allons donc! Au fond de lui-même, il savait ce qu'il aurait voulu : qu'elle reçût de lui ses pensées, sa vie, son souffle. Il aurait voulu la laver, la peigner, la faire manger. Pendant trop longtemps, elle avait été, pour lui, une étrangère, à cause de l'autre, son reflet, son double, sa sœur plus proche d'elle-même qu'un amant. Il la voulait toute à lui maintenant qu'elle était seule, car enfin l'une des deux était morte. C'était bon de se répéter cela. L'obstacle avait été supprimé. Il n'y avait qu'à persévérer, longtemps,

longtemps... sans craindre surtout d'être ridicule. Les humiliations, les rebuffades, il acceptait tout. Il aimait ce pain noir de l'amour. Il vivait près de Greta comme un solitaire près de son Dieu. Ce qu'il désirait obscurément, c'était de remplacer l'absente, de devenir la chair complémentaire, l'autre moitié du cœur de Greta. Mais pour qu'il pût s'absorber en elle, il fallait d'abord qu'elle se soumît à lui. Il y avait une volonté de trop.

Odette, chaque matin, se présenta vainement au guichet de la poste restante. Elle mit au point un régime strict d'économies. On mangea moins, mais on fuma davantage. Odette, si ardente naguère, commençait à se laisser aller. Elle tombait dans des rêveries subites, regardait dans le vague, une cigarette pendant au coin de la bouche. Et puis elle se levait lourdement, jetait son mégot au hasard, grognait.

— Bon Dieu, ce qu'il faut voir!

Ou bien, elle ouvrait son bloc, attaquait d'une plume décidée :

Mon cher ami,

Et elle reposait bientôt le stylo, marchait de long en large, buvait un verre de cognac sans se décider à finir sa lettre. Parfois, elle tournait autour de son fils.

— Pierre, il faut que je te parle!

Mais le moindre prétexte lui était bon pour remettre à plus tard ce qu'elle avait à dire. Elle cessa de nettoyer la roulotte. Ce fut Vladimir qui fit le ménage. L'inaction achevait de les détraquer. Après des mois de travail intense, ils ne savaient plus comment user les heures mortelles qui séparaient le matin de la nuit. Et surtout ils ne souffraient plus de se perdre de vue. L'après-midi, ils déployaient des chaises longues, somnolaient, côte à côte, et pourtant aussi seuls que des moribonds. Odette proposait-elle de partir.

— Pour aller où? objectait Doutre.

— Et pourquoi rester? répondait-elle.

Quelquefois, ils allaient, tous les trois, au cinéma, par désœuvrement, et peut-être aussi parce qu'ils avaient besoin de se retrouver dans une salle, de respirer l'odeur du public, de se frotter à la vie des autres; mais les retours étaient si pénibles qu'ils renoncèrent à se distraire.

Enfin, ils reçurent une lettre. Un impresario leur proposait un engagement de deux semaines, à Vichy, pour la fin de la saison. Il offrait une somme raisonnable et, d'un seul coup, Odette récupéra ses forces.

— Ça va recommencer, murmura Greta, avec désespoir.

Mais Doutre, repris lui-même par le mirage, ne songeait qu'à étudier les cartes. Il établit l'itinéraire avec soin : Arles, Nîmes, Alès, Mende, Saint-Flour, Clermont-Ferrand... On avait le temps et il serait amusant de traverser le Massif central en touristes, à petites journées. Départ : le lendemain, à l'aube...

Dès qu'ils furent sur la route, leur entrain disparut. Chacun songeait, pour la première fois, à ce que serait le camp du soir. Et, le soir venu, quand les roulottes furent rangées au bord d'une prairie et qu'ils furent assis en rond, pour fumer une dernière cigarette, ils n'osèrent plus se regarder. Seul, Vladimir dit une phrase :

— Encore la pleine lune!

Et il la regretta aussitôt. Il porta deux doigts à son front, pour saluer la compagnie, suivant son habitude, et alla se coucher dans la camionnette. La lune montait, rouge, monstrueuse, au bord de l'horizon. Elle allait éclairer le campement tous les soirs. Ils se taisaient. Chacun sentait les deux autres près de lui. La fumée de leurs cigarettes se mêlait. Ils n'avaient plus envie de dormir. Quand la lune fut haute dans le ciel, et blanche comme un dollar, avec son relief étrange, qui était peut-être celui d'un aigle ou celui d'une femme, Doutre se leva.

— Je vais me coucher.

Les deux femmes l'imitèrent.

— Bonsoir!

Il accompagna Greta, l'enferma — elle ne protestait plus — empocha la clef.

— Comme tu es absurde! dit Odette.

— Je sais ce que je fais.

Ils s'arrêtèrent l'un en face de l'autre.

— Écoute! dit Odette.

— Oui?

Il voyait son visage que la lumière modelait à grands traits sommaires, mais les yeux demeuraient cachés dans l'ombre profonde des orbites et il devinait seulement leur éclat sombre, leur feu immobile fixé sur lui. Odette tourna lentement la tête.

— Dors bien, mon petit.

Elle gravit les marches de sa roulotte et Doutre demeura seul, comme une sentinelle chargée de veiller sur le bivouac. Il alluma une nouvelle cigarette, fit le tour des voitures; son ombre glissait à côté de lui; « mon mal, songea Doutre, mon péché ». Mais le ciel était plein d'étoiles comme un arbre en fleur. Doutre haussa les épaules. « Ce serait idiot de désespérer! », dit-il à voix haute. Il pénétra dans sa caravane, suivit l'allée jusqu'à son lit, se déshabilla sans allumer sa lampe de chevet. Il n'avait pas peur. Il se sentait beaucoup plus à l'aise qu'auprès d'Odette. Avant de se coucher, il alla caresser les tourterelles. Il leur gratta la tête et la gorge. L'une d'entre elles aurait dû mourir, pour que l'équilibre fût rétabli... Il n'aimait pas ce genre de pensées. D'ailleurs, quel rapport entre les filles et les tourterelles! Les oiseaux s'agitaient dans leur cage. Il entendit longtemps crisser leurs ongles. A la fin, il alluma sa veilleuse. Alors il put s'endormir.

X

Le convoi traversait la montagne. Les journées étaient longues, fatigantes; les nuits terribles. On roulait lentement, le long de rivières inconnues, sur des plateaux sauvages, ou bien l'on découvrait à l'improviste quelque vallée caillouteuse, inclinée vers le plat pays, ouverte sur un horizon vibrant de soleil et bordé, dans des lointains couleur de vide, de collines étirées comme des fumées. On n'avait plus envie de s'arrêter. Vladimir, torse nu, plus maigre et tordu qu'un christ décloué, ouvrait la route, choisissait au passage le coin d'un pont, un peu d'ombre sous des châtaigniers. Alors il tendait, hors de la portière, son pouce levé, et les voitures stoppaient en grinçant. On déjeunait à la hâte, d'un morceau de corned-beef sur une tranche de pain, sans parler. Odette ouvrait la fermeture Éclair de sa combinaison de mécanicien, s'éventait la gorge, se massait les genoux. Doutre, écroulé dans l'herbe, allumait une cigarette. Greta rêvait, suivait des yeux le vol d'un rapace, tandis que Vladimir faisait le plein des radiateurs et tâtait les roues. Il lançait un coup de sifflet, deux doigts entre les lèvres. La pause était finie. Les voitures s'ébranlaient, prenaient leur distance, et le convoi accélérait. Il y avait un moment agréable, vers six heures, quand les ombres des talus s'allongeaient sur la route. Dans le jour déclinant, les pensées se donnaient du champ; un air fruité, qu'on aurait voulu mordre, glissait le long des joues en sueur; Doutre se penchait à la portière, fermait les yeux, ou bien jetait un rapide regard en arrière, vers la roulotte aux accessoires où Greta était enfermée. Les lucarnes étaient closes. Non, elle ne pouvait pas s'échapper. On s'arrêtait près d'un village, pour acheter du pain, de la charcuterie, de la bière, et Vladimir rangeait les voitures en carré. Doutre délivrait Greta, s'occupait de la corvée d'eau. Les premières étoiles s'allumaient, dans le ciel nacré. Odette dressait la table dehors, pressait son monde, s'agitait autour du réchaud. L'approche de la nuit la troublait. C'était elle, après le dîner, qui faisait une dernière ronde et la cigarette qu'elle oubliait de fumer lui brûlait les doigts. Déjà, les roulottes découpaient sur le sol une ombre légère. On sentait que la lune montait derrière les maisons. Vladimir se retirait dans la camionnette. Greta, sans un mot, entrait dans sa caravane. La mère et le fils restaient face à face, dans l'enclos formé par les voitures. Il y avait, entre eux, sur la table, un paquet de cigarettes et un briquet. De temps en temps, ils puisaient dans le paquet, puis, la tête renversée sur le dossier de leur chaise longue, ils contemplaient le fourmillement, à l'infini, des étoiles.

— Tu es fatigué, murmurait Odette. Va te coucher!

Il soufflait lentement un peu de fumée. Plus tard, il proposait, à son tour :

— Si tu veux te reposer, tu sais...

Elle feignait de n'avoir pas entendu. La prairie, les collines brillaient d'une lumière si tendre que Doutre devait se retenir pour ne pas gémir. Les grillons semblaient se répondre d'un bout à l'autre de la terre. Sous ses paupières à demi baissées, Odette observait Pierre et Pierre, bien qu'il parût regarder ailleurs, ne la perdait pas de vue. Immobiles, pensifs, ils s'attardaient, tandis que la lune roulait au plus haut du ciel. Et ils avaient froid, peu à peu. Cela commençait par les mains; le froid glissait ensuite le long des plis du corps, contournait le ventre et la poitrine, s'installait au creux de la nuque, raidissait les membres; ils avaient l'impression d'être mouillés, soudain, et un frisson leur glaçait les mâchoires. Elle se levait, se frottait rapidement les bras.

— Ne tarde pas trop, mon petit.

Mais elle hésitait encore, tournait lentement sur elle-même, comme si elle avait redouté quelque danger. Puis, passant ses deux mains dans ses cheveux, l'air accablé, elle montait dans sa roulotte où elle se déshabillait dans le noir. Doutre attendait, car il savait qu'elle le regardait, par la lucarne entrouverte. Mais il devinait aussi le moment où, vaincue, elle s'allongeait sur sa couchette. Alors, plus furtif qu'une ombre, il se promenait dans le camp, les poings serrés dans ses poches, ivre de malheur et de solitude. Bientôt, il allait, sur la pointe des pieds, fermer à clef la porte de Greta. Il écoutait, marchait doucement autour de la voiture. Quelquefois, il s'appuyait de tout son poids à la paroi, bras écartés, et les lèvres sur le bois encore chaud, murmurait : « Greta... Greta... Je t'aime... Greta... Je ne peux plus me passer de toi... Greta... » Quand il avait scellé de ses baisers l'espace où la jeune fille reposait, il revenait sur ses pas et contemplait encore le ciel magique. Où trouver la nuit pour dormir et pour oublier ?

Le lendemain, à l'aube, Vladimir lançait un coup de klaxon...

Le convoi atteignit Saint-Flour, descendit vers la

vallée de l'Alagnon. Odette avait laissé le volant à Doutre et fouillait parmi ses cartes.

— Nous nous arrêterons près d'Issoire, dit-elle. Nous serons demain soir à Vichy, sans forcer.

— Tu parais soulagée ?

— Je me fais toujours des idées.

Elle mit ses lunettes et suivit du doigt le tracé de la route. Vladimir, cette fois, fermait la marche car il avait crevé. On le voyait, dans le rétroviseur, remorquant avec précaution ses deux voitures.

— Tu ne la trouves pas de plus en plus... bizarre ? demanda Doutre.

— Elle ?

Du pouce, Odette montrait la caravane attelée à la Buick.

— Elle. Bien sûr.

— Tu sais, dit Odette, j'ai d'autres soucis en tête.

Ils se turent, car la route devenait sinueuse et étroite. Il fallait prendre sagement les virages et surveiller le comportement de la longue roulotte aux accessoires qui mordait toujours un peu sur la bande jaune. A gauche, le torrent se tortillait, entre des blocs énormes marqués à mi-hauteur, comme une ligne de flottaison, par le trait noirâtre des hautes eaux. Odette but un peu de café, au goulot de la thermos.

— Tu en veux ?

— Non, merci.

— J'ai hâte de rencontrer Villaury.

— Qui est-ce ?

— Le type qui nous a trouvé l'engagement de Vichy. Il doit venir. C'est une canaille, mais il a le bras long.

Elle releva ses lunettes sur son front, d'un geste décidé, comme si elle allait discuter les termes d'un nouveau contrat.

— J'ai pensé à quelque chose, cette nuit. Un numéro que j'ai vu à Berlin, autrefois. L'idiote, à côté, pourra peut-être se rendre utile.

Doutre passa en seconde et enfonça ses épaules dans le dossier.

— Écoute...

— Bon, dit Odette... Ne nous fâchons pas. Mais je ne la garderai pas à ne rien faire. Mets-toi ça dans la tête.

— Explique.

— C'est un peu compliqué. Ce soir, je vous montrerai. Pour le moment, je voudrais bien manger. Cinq heures qu'on roule !

La longue côte s'acheva et le convoi traversa un plateau flanqué de pitons portant des tours en ruines, des vestiges écroulés de burgs, de citadelles, de châteaux de légende.

— Ça suit ? demanda Odette.

Doutre se pencha, vit Vladimir derrière son pare-brise, un coude à la portière, nonchalant, loin de tout.

— Ça suit !

Les voitures plongèrent dans une descente en lacets et Doutre ne pensa plus qu'à son volant, à ses vitesses, à ses freins. A peine si, de temps en temps, il songeait : « Ce qu'elle doit être secouée, derrière ! »

La montre de bord marquait midi.

— Ralentis, dit Odette. On va bien découvrir un endroit agréable. Je suis éreintée.

La route filait, toute droite, entre des hêtres et des bouleaux.

— Près du carrefour, dit Odette.

Derrière une barrière, deux chevaux les regardaient venir. Ils s'éloignèrent nerveusement, s'arrêtèrent un peu plus loin, et le plus grand posa sa tête sur le col de l'autre. Le ciel était bleu comme dans un conte.

Il y avait des champignons dans l'herbe. Doutre en cueillit un, dont le dessous était rose, humide et tendre comme une bouche entrouverte. Vladimir ouvrit la barrière, aligna les voitures, prit les seaux de toile. Un ruisseau courait, sous un pont de bois.

— Prépare le couvert, cria Odette. Je vais me tremper les pieds!

Doutre sortit la clef, la fit sauter dans sa main. Jamais peut-être il n'avait été plus attentif, plus ouvert à mille sensations confuses mais d'une accablante intensité. Jamais il n'avait éprouvé d'une manière aussi aiguë le besoin de serrer dans ses bras le corps de Greta. Il fit le tour de la caravane, introduisit la clef dans la serrure... Là-bas, Odette et Vladimir descendaient sous le pont. Ils en avaient bien pour dix minutes. Dix minutes pour se gorger de Greta. Il soupira et ouvrit la porte.

— Greta!

Il entra. La roulotte, lucarnes fermées, était sombre mais Doutre en connaissait tous les recoins. Il appela, d'une voix changée qui était un cri, sorti de son sang, de ses reins.

— Greta!

Et soudain, il la vit.

— Ce n'est pas possible! Non... Non...

Il allongea le bras, toucha le corps rigide, et se mit à trembler...

Odette, les mains réunies en coupe, s'aspergeait le visage.

— Ah! ce qu'on se baignerait avec plaisir, s'écriat-elle. Tu n'as pas envie de te rouler tout nu dans cette eau, Vladi? Moi, si.

Elle enleva ses espadrilles, retroussa les jambes de son pantalon, remonta le courant où fuyaient de petits poissons. Vladimir emplit ses seaux et grimpa sur la berge.

— Laisse-m'en un! fit Odette.

Au fond, elle ne détestait pas cette vie errante, ces arrêts au gré de la fantaisie, ces contacts imprévus avec l'eau, l'herbe, le foin ou la terre mouillée. Elle aurait aimé être une de ces vieilles gitanes à profil d'Indien, qui fument une pipe en terre, accroupies auprès d'un feu de branches. Mais il y avait Pierre. Elle regagna le pré, empoigna le seau et ce fut comme si elle soulevait son fardeau quotidien d'inquiétudes. Elle allongea le pas. Naturellement, Pierre n'avait pas encore sorti la table pliante. Il n'avait même pas ouvert le coffre de la Buick.

— Pierre!

Il se gardait bien de répondre. Elle lâcha le seau et courut à la porte de la caravane.

— Sors de là, cria-t-elle. J'en ai assez à la fin.

Puis elle s'accrocha à la rambarde et se plia en deux, lentement, la bouche béante, les narines pincées. Pierre était là, évanoui, et, près de lui, Greta était étendue sur le dos, la corde enroulée autour du cou. Odette faillit hurler à la mort, comme une chienne. Puis, d'un coup, elle fut elle-même, malgré la nausée qui lui creusait le ventre. Elle courut chercher Vladimir.

— Viens vite! Aide-moi... Greta est morte.

Ils se penchèrent tous deux sur les corps. Vladimir les toucha l'un après l'autre, avec une douceur, une pitié qui faisaient mal.

— Greta... morte depuis longtemps, murmura-t-il.

— Comment?

Vladimir souleva une main de la jeune fille, montra les doigts déjà raidis.

— Beaucoup d'heures.

— Mais c'est impossible, dit Odette. Voyons, elle est entrée vivante dans cette voiture. Tu t'en souviens comme moi. Pierre l'a enfermée. On a roulé sans s'arrêter. Et toi, en plus, tu nous suivais. Alors?

— Beaucoup d'heures, répéta Vladimir.

Il s'accroupit, fit passer un bras de Doutre par-dessus son épaule, le chargea sur son dos d'un coup de rein et descendit dans le pré où il l'allongea, parmi les avoines folles. Odette, pendant ce temps, avait amené le seau. Ils mouillèrent son visage et Doutre ouvrit des yeux troubles où ils virent monter, peu à peu, la douleur avec la mémoire. Il se tordit sur lui-même, étouffé de sanglots, et sa tête se mit à rouler, de gauche à droite, de droite à gauche, tandis qu'il gémissait : « Non... non... non... »

Vladimir recula, entraînant Odette.

— Ça va aller, fit-il. Tout à l'heure, il sera content de vivre!

Il n'en avait jamais dit aussi long et Odette le regarda, surprise. Les chevaux s'étaient approchés. Vladimir leur cria des mots étrangers, brandit la main, ils détalèrent en hennissant. Maintenant, il n'y avait plus de témoins. Odette réfléchissait.

— Pas moyen de s'en tirer comme l'autre fois, expliqua-t-elle. Tout le monde connaît Annegret. On ne peut rien cacher. Mais si les gendarmes la découvrent dans cet état...

Elle remonta dans la roulotte. Greta était tombée à l'endroit même où Hilda était morte. Son aspect était identique. La corde s'enroulait autour de son cou de la même façon. Elle avait ouvert la bouche exactement comme sa sœur, pour lancer sans doute le même appel. La scène était si impressionnante que Vladimir lui-même n'osait s'approcher.

— Vladi, chuchota Odette, enlève cette corde. Ça me rend folle!

D'un bond léger, il sauta dans la voiture et se mit au travail; Doutre, à plat ventre, enfonçait ses doigts dans la terre et ses épaules tressautaient toujours.

Odette leva les yeux au plafond de la roulotte. Ce n'étaient pas les pitons qui manquaient, heureusement.

— Ça y est?

— Oui, dit Vladimir.

— Bon. Alors écoute...

Elle pesa encore une fois le pour et le contre, puis se retourna et vit les yeux pâles de Vladimir fixés sur elle.

— Tu vas faire un nœud coulant et on va la pendre, tu comprends. Il faut que ça ait l'air d'un suicide. Sans cela...

Quelque chose comme une grimace de dégoût plissa les lèvres de Vladimir.

— Ça ne me plaît pas non plus, dit Odette. Mais il n'y a pas d'autre solution.

Vladimir se redressa sur un genou. Sa paupière gauche battait. Il bredouilla :

— Vladimir fidèle... mais pas ça... guerre finie... Assez! Assez!

Odette serra ses mains l'une dans l'autre.

— Bon... Tu peux descendre... Allez!... Va t'occuper de Pierre. Qu'il n'entre pas ici.

Elle tira la porte sur elle, ouvrit une des lucarnes. Alors, méthodiquement, les mâchoires crispées, un pli d'attention au front, elle monta sur un escabeau qui traînait près de Greta, attacha la corde à un piton, après avoir mesuré la longueur utile, puis, avec dextérité, fit un nœud coulant. Elle était bâtie en force. Greta n'était pas plus lourde qu'un oiseau. Elle l'empoigna sous les bras, se hissa sur l'escabeau, engagea la tête de la morte dans le nœud coulant et lâcha peu à peu le corps. Greta se balança lentement. Odette prit le tabouret et le renversa sur le plancher. Elle était mouillée de sueur. Mais la mise en scène était parfaite. Dans le fond de la roulotte s'éleva un roucoulement étouffé. Elle sursauta violemment.

— Sales bêtes! fit-elle à voix basse.

Elle essuya ses mains le long de ses cuisses. Le corps tournait sur lui-même, présentant alternativement le visage effondré en avant, puis la nuque fragile, rompue par la corde. Les pieds, chaussés de ballerines noires, gardaient une vie hallucinante. Odette recula, chercha en tâtonnant la poignée de la porte. Dehors, elle eut de la peine à reconnaître la route, les voitures, le pré fleuri, où Pierre, soutenu par Vladimir, faisait ses premiers pas. Mais une puissante pulsation de vie jeta dans ses artères un grand flot de sang. Elle regarda Pierre, sa silhouette frêle, encore amenuisée par le chagrin. « Je le garde », pensa-t-elle. Et elle descendit les marches sans broncher.

Doutre, blême, accroché au bras de Vladimir, l'attendait.

— Tu as osé? murmura-t-il.

— Tu aurais préféré que l'on ouvre une enquête? dit Odette. Tu sais où cela nous aurait menés?

— Et maintenant?

— Maintenant, on est à l'abri... En route!

Ce fut à Valdimir d'être stupéfait.

— On part?

— Évidemment. On s'arrêtera dans le premier bourg et la gendarmerie se débrouillera. Pas besoin de l'attendre ici.

— Mauvais, dit Vladimir.

Il reprit le volant de la camionnette et laissa Odette sortir du champ la première. Doutre, près de sa mère, se sentait mourir. Chaque cahot était une torture. Il imaginait trop bien le spectacle, dans la roulotte, la longue forme balancée, virevoltant aux virages, et il songeait aux soirées de naguère, aux applaudissements, aux rappels, Liebe... Le mot était déchirant. La vie était déchirante. Il ne serait jamais que le petit Doutre, le fils d'un baladin, un montreur de chimères. Odette avait allumé une cigarette. Elle conduisait rondement et son visage paraissait taillé dans un bloc de bois, tant il était immobile, inexpressif. Elle n'ouvrit qu'une fois la bouche pour dire :

— Regarde bien. Il y a un drapeau, en général, au-dessus des gendarmeries.

Le convoi traversait des villages et des enfants couraient, pour voir plus longtemps les longues voitures brillantes. *Les Alberto*. Ils agitaient joyeusement les bras. La vallée s'élargissait. On croisa quelques poids lourds dont les chauffeurs riaient, du haut de leur cabine. Une petite ville apparut, brune et rousse, serrée en troupeau le long d'une ligne de chemin de fer. Greta ne souffrirait plus longtemps. Doutre ferma les yeux, se retira du jeu. Odette était assez habile pour le mener seule. Il ne bougea pas quand la voiture stoppa. Il ne bougea pas quand des pas et des voix se dirigèrent vers l'arrière de la caravane. Odette expliquait, avec un sang-froid parfait :

— Nous l'avons découverte il y a peut-être dix minutes. Nous avions l'intention de camper... Quand j'ai vu qu'elle était morte, la pauvre petite, j'ai préféré tout laisser en état, et je l'ai amenée directement ici.

Des pas lourds ébranlèrent la roulotte, des chocs, puis Odette vint secouer Doutre.

— On a besoin de toi. Dis simplement ce que tu as vu.

Il suivit Odette dans la gendarmerie. De nouveau, il vivait un rêve et les affiches, au mur, l'intéressaient plus que le rapport du brigadier, *Jeunes gens, engagez-vous dans les troupes coloniales*. Les négresses avaient des seins pointus. Il y avait un paquebot blanc, posé sur la mer bleue. Peut-être aurait-il dû s'engager en quittant le collège? Peut-être pouvait-on vivre, là-bas, sous les palmiers, parmi les cases, avec les indigènes. Il répondait aux questions mais il était loin, très loin de cette absurde enquête. Il était de nouveau seul au monde. Age, profession... Comment?... Mes rapports avec la défunte?

Odette intervint, précisa tous les points que le brigadier ne comprenait pas. D'ailleurs, le suicide ne faisait aucun doute. Le médecin qui venait d'examiner le corps était formel. Doutre avait envie de dormir. Autrefois, quand il était puni, ou bien quand le décor de sa vie devenait insoutenable, il s'endormait presque à volonté, en étude, dans un coin de la cour, au revers d'un fossé, le jeudi à la promenade. Et, cette fois encore, il avait envie de fuir dans ces ténèbres miséricordieuses.

— Est-ce que mon fils peut se retirer? demanda Odette.

Elle voyait tout. Elle pensait à tout. Elle l'aida à se lever, l'accompagna jusqu'à la porte.

— Attends-moi dans l'auto. Maintenant, ce ne sera pas long.

Doutre traversa la rue. Il y avait des curieux, en petits groupes, et un gendarme qui marchait, à l'ombre des maisons. Et tout cela marquait mystérieusement la fin de quelque chose. Peut-être la fin de sa jeunesse. D'un bond dans le temps, il avait rejoint Vladi; il avait épuisé d'un seul coup toutes les joies, tous les élans, tout ce qui vibre, palpite, tout ce qui coule en humeur, en sueurs, en larmes. Il n'était plus qu'un caillou. On le pose ici; il y reste; on le pousse plus loin; il y demeure.

Vladimir l'attendait près de la camionnette.

— Vladimir s'en va, dit-il.

— Ah? fit Doutre avec indifférence. Où vas-tu?

Vladimir, du menton, montra l'autre bout de la rue, la route qui montait au flanc de la vallée, le ciel blanc de midi..

— Par là. N'importe où!

— Tu nous quittes?

— Oui.

— Pourquoi?

Vladimir médita durement, tête basse. Il avait mis une chemise propre, et passé, par-dessus, un pull-over gris. Sur le siège de la camionnette, Doutre aperçut sa vieille valise, dont la poignée était réparée avec du chatterton. Vladimir écarta les bras.

— Tout ça, fini, dit-il. Alberto, fini. Les deux filles mortes, pas naturel.

— Qu'est-ce que tu crois?

— Elles, tuées... Morden.

Doutre serra les poings.

— Surtout pas ce mot. Tu entends. Il m'a fait assez de mal. Morden! Comme si ça voulait dire quelque chose... Tu as peur?

— Non. Oh! non.

Son visage aux joues mangées se serra, se contracta, et des rides remuèrent au coin de ses yeux. Il s'appuya à la portière.

— Vladi aimait les petites, murmura-t-il.

— Ah! fit Doutre, toi aussi.

Ils se turent. Le gendarme les dépassa, les pouces au ceinturon, l'air ennuyé.

— Qu'est-ce que tu feras? dit Doutre.

Vladimir haussa les épaules.

— Reste! supplia Doutre.

— Non.

— Peut-être que tu t'imagines...

Il saisit le poignet de Vladimir.

— Dis-le! Dis-le donc! C'est nous, hein? Voilà pourquoi tu veux partir? Eh bien, pars. Qu'est-ce que tu attends?

Il porta la main à sa gorge parce que, soudain, il ne pouvait plus parler.

— Et moi, Vladi, tu as pensé à moi?

— Vous... partir aussi.

— Chacun de son côté? C'est ce que tu proposes... Idiot, va!

Odette sortit de la gendarmerie, marcha rapidement vers eux. Elle avait son visage figé, ses yeux durs des jours de répétition. Du premier coup, elle devina.

— Tu fiches le camp? Tu sens le naufrage?

Vladimir ne répondait pas; il paraissait très digne et même très noble, dans ses vêtements de pauvre, avec sa face un peu hagarde de frère convers hanté de visions.

— N'attends pas que je te retienne. Ce n'est pas mon genre. Pierre, donne-lui de l'argent. Je ne veux pas qu'il mendie.

Vladimir prit sa valise, écarta doucement les billets offerts.

— Donnez-moi les tourterelles, demanda-t-il.

— Si ça doit te faire plaisir, dit Odette.

Il sauta dans la roulotte, revint avec la cage. Alors, simplement, avec une aisance parfaite qui effaçait la rue, les curieux et la gendarmerie, il se pencha sur la main d'Odette.

— Ami, murmura-t-il. Toujours ami.

Sa valise cabossée au poing, la cage serrée sur sa poitrine, il s'éloigna vers la gare. Odette le suivait des yeux.

— Pierre, dit-elle de sa voix rauque, j'aurais voulu que tu sois quelqu'un... comme lui!

Elle tourna la tête, regarda machinalement sa main dont elle remua les doigts.

— Il faudra bien, soupira-t-elle, qu'on s'arrange, nous deux. Tu vas t'habiller et partir seul à Vichy. Pas besoin de toi pour les formalités. Je te rejoindrai dans deux jours. Je trouverai bien ici à loger les voitures dans un garage. Quand j'aurai vu Villaury, j'aviserai. Allez! Dépêche-toi. Tu m'encombres!

Doutre arriva le soir même à Vichy et chercha un hôtel modeste, car il savait que la vie allait devenir difficile. La nuit tombait. Il découvrit l'Allier, s'accouda à un parapet. Il n'était plus malheureux. Il était mort. Il errait, maintenant, aux lisières de l'existence, sans amour, sans pensée, sans désir. Il ferait ce qu'on voudrait. Il sentait déjà qu'il commençait à ressembler à son père. Bientôt, il aurait ses tics. On les saluerait, de ville en ville : « Tiens, le professeur Alberto! » Il connaîtrait, lui aussi, les étapes de hasard et les gîtes de fortune. Il amuserait des calicots, des midinettes et des collégiens. Un jour, il mourrait, sur un lit étroit, en habit noir, une fleur fanée à sa boutonnière et il manquerait un bouton à son plastron. Sur lui, on ne trouverait qu'un dollar. L'eau coulait, pleine d'étoiles dansantes et de lumières reflétées. Il serra les mains et ses yeux se mouillèrent pour la dernière fois.

XI

Villaury était un gros homme qui passait sans cesse sur son cou un mouchoir jaune, tandis que sa main gauche pianotait sur le guéridon de marbre.

— Elle n'avait aucune raison de se tuer? dit-il.

Odette flaira son apéritif d'un air méfiant, avant de tremper ses lèvres dans l'alcool.

— Aucune, coupa-t-elle.

— C'est bien la première fois, reprit Villaury, que j'entends parler d'un suicide aussi étonnant. Se pendre dans une voiture en marche, qui cahote, qui vous jette d'un côté, de l'autre, ah! il faut vraiment avoir envie de mourir!

— Elle avait sans doute envie de mourir, fit Odette.

Villaury se tourna vers Doutre et fit aller et venir son pouce.

— Entre vous deux, il n'y avait pas...

— Rien, dit Odette.

— D'accord, concéda Villaury. Ça ne me regarde pas.

Il absorba une gorgée de Pernod qu'il garda entre ses joues serrées, tandis que ses yeux erraient d'Odette à Doutre, puis il avala lentement et passa sa langue sur ses lèvres.

— Quand je dis que ça ne me regarde pas, façon de

parler. Car enfin, ce suicide n'arrange pas nos affaires, hein!

— Je sais, dit Odette.

— Oh! vous savez! Je me demande, justement, si vous vous rendez compte de la situation.

Il se pencha sur la table, confidentiellement, et l'odeur douceâtre du Pernod devint plus forte.

— J'ai lu les journaux, murmura-t-il. L'enquête est finie, bon; tout a été tiré au clair, tant mieux pour vous. Mais moi, maintenant, quand je téléphonerai à un directeur de salle et que je prononcerai votre nom, qu'est-ce qu'on me répondra, hein?... Les Alberto! La fille qui s'est tuée? Non, merci.

Il leva sa main grasse, aux lignes profondément marquées.

— J'insisterai, naturellement. Vous me connaissez. On m'écoutera, parce que, tout de même — il sourit avec une ironie voilée — on m'écoute un peu. Mais on me fera une offre dérisoire.

Il se renversa sur son fauteuil d'osier, croisa sur son genou une jambe dont il saisit fortement la cheville nue, et ajouta d'un air attristé :

— Alors?... Il faudra bien que j'accepte... Vous êtes mal partis, tous les deux. Le petit, qu'est-ce qu'il sait faire?

— Tout, dit Odette.

Villaury éclata d'un rire jovial, épais, de brave homme.

— Tout, bien sûr. Il bricole, quoi! Les cartes, les gobelets, les dés, les fleurs. Je vois ça d'ici.

Doutre regardait passer les longues voitures américaines, devant le café. Odette buvait à petits coups.

— Votre matériel? demanda Villaury.

— Il est resté là-bas.

— J'ai preneur, dit Villaury.

— Non.

— J'ai preneur pour tout, accessoires et voitures.

— Qui?

— Le nom ne vous dirait rien. Il s'agit d'un petit cirque italien. Vous avez deux voitures, trois remorques... tout cela n'est pas de première jeunesse. Un million huit.

Odette appela le garçon.

— Jamais de la vie! s'écria Villaury. Tout est pour moi. Réfléchissez. De toute façon, vous êtes obligés de vendre. Vous vendrez mal, en cette saison. Tenez, deux millions et je vous trouve un engagement.

— J'ai l'intention de garder la Buick et ma roulotte, dit calmement Odette. Je vous laisse le reste pour quinze cent mille.

— On en reparlera, fit l'impresario avec bonne humeur.

Il compta sa monnaie, la recompta, happa un reste de liqueur, tendit sa main à la ronde.

— Revenez ici dans trois ou quatre jours. J'aurai peut-être quelque chose mais je ne vous promets rien.

Il se faufila entre les tables avec une agilité surprenante et monta dans une petite Simca.

— Salope! grommela Odette. Garçon! Un autre!... Écoute, mon petit Pierre, si tu dois faire cette gueule, je rentre tout de suite à l'hôtel.

— Qu'est-ce que tu veux que je dise?

— Il nous étrangle; il nous retourne les poches, et ça te laisse froid. Deux millions!...

Doutre tourna lentement la tête.

— Combien de temps peut-on tenir, avec deux millions?

— Est-ce que je sais, dit Odette. Quand on commence à bouffer les réserves, on est vite à la côte.

Elle vida son verre rageusement, pour entretenir sa révolte. Doutre lui tendit son paquet de cigarettes.

— Des gauloises, ricana-t-il.

Elle repoussa la main de Pierre, tira une enveloppe de son sac et aligna des chiffres, puis elle déchira le papier en menus morceaux et resta immobile, les yeux perdus.

— Le pire, dit-elle enfin, c'est qu'il a raison !

Elle ajouta, entre ses dents :

— Encore, si j'étais seule...

— Répète, fit Doutre.

— Quoi ?

— Ce que tu viens de dire.

Ils se regardèrent avec violence. Doutre, soudain fatigué, croisa les bras sur la table.

— Oui, je sais... commença-t-il.

— Tais-toi, dit Odette. Je me remettrai à travailler, voilà tout !

Elle s'y remit le jour même. Doutre l'entendit geindre, dans la chambre voisine, tandis qu'elle essayait d'assouplir ses membres envahis par la graisse. Parfois, un coup sourd résonnait, sur le plancher. « Elle n'y arrivera jamais », pensa Doutre. Il ouvrit la fenêtre, se pencha au-dessus d'une étroite et silencieuse rue de province. Ce spectacle était si déprimant qu'il préféra être poursuivi par les bruits de la chambre voisine. Il ferma la fenêtre, se mit à marcher, entre l'armoire et le lit.

— Travaille, toi aussi, cria Odette.

— Je travaille, répondit-il.

Comme d'habitude, quand il cherchait à réfléchir, il était envahi d'images. Ce qu'il voyait en ce moment l'emplissait d'une horreur profonde. « Elle et moi, songeait-il. Elle et moi... pendant combien d'années !... » A côté, Odette respirait avec force, le souffle perdu. Doutre s'assit sur le lit et, soudain, les deux filles furent dans la pièce, à la fois distinctes et confondues, à peine moins vivantes qu'autrefois, et Doutre, le dos rond, regardait le mur et, au-delà du mur,

des visages, à l'infini, des mains qui applaudissaient.
Il saluait. Il tenait fortement le poignet de sa partenaire. Il le sentait, ce poignet mince où vibraient
deux tendons, comme les cordes d'un instrument.
Puis il aperçut la tapisserie rougeâtre. Sa main était
vide. Il était seul. Seul avec Odette, bien entendu.
Il fit sauter son dollar, considéra l'aigle qui ressemblait
plutôt à un vautour, et se demanda quel rapport
mystérieux il pouvait bien y avoir entre ce rapace
et la femme qui, au revers, promettait la liberté.
Est-ce que les esclaves ne sont pas toujours des esclaves?
Est-ce qu'on peut échapper au tourment qui vous
ronge le cœur? Échapper... Pour aller où?... Il se
leva, passa dans la chambre d'Odette.

— Tu pourrais frapper.

— Oh! ça va!

Elle noua la cordelière de sa robe de chambre
et se donna un coup de peigne.

— Passe-moi une cigarette, tiens... Si seulement je
perdais dix kilos! Ce sont ces dix kilos qui me font
paraître ridicule. J'ai été idiote de me négliger. Parle,
bon Dieu! Ne reste pas là comme un bout de bois.

— Je voudrais bien être un bout de bois, dit Doutre.

Odette lui posa la main sur l'épaule.

— Tu es donc si malheureux?... Je t'embête, peut-
être?... Je suis vieille, laide, évidemment!... Mon petit
Pierre, pourtant... malgré tout ce qui nous est arrivé...
je suis contente de t'avoir, d'être avec toi... Ce matin,
j'ai eu l'air de regretter de n'être pas seule... Ce n'est
pas vrai. Je ne regrette rien. Je te promets que nous
en sortirons. J'ai l'habitude.

Elle caressa la nuque de Pierre, lentement.

— Comme tu es contracté! Comme tu te méfies,
hein! Je ne suis pas ton ennemie, Pierre... Tu ne veux
pas répondre?

Elle s'éloigna de quelques pas, le regarda, les yeux

à demi fermés, soufflant de biais la fumée de sa cigarette.

— J'oublie toujours que tu es son fils, murmura-
t-elle. Il y avait des jours, j'aurais mieux aimé qu'il
me frappe, qu'il me tue. Mais non. Il m'observait,
un peu en dessous, comme toi en ce moment. Vous,
les hommes, vous prenez toujours des airs de justiciers!
Allez, vas-y, questionne-moi.

Doutre sortit. A peine fut-il dans la rue qu'il eut
envie de remonter. Il ne savait où déposer cette
énorme tristesse qui l'alourdissait comme un sac.
Près d'Odette, il étouffait; loin d'elle, il se sentait
perdu. Il erra longtemps, dans des avenues bordées
d'hôtels. Il n'était pas encore pauvre, mais toute
une part de lui-même essayait déjà de s'habituer
à la pauvreté. Il accueillait à l'essai des pensées
d'homme au bout du rouleau. Il n'avait pas trop peur.
Au contraire, le dénuement l'attirait, le dépouille-
ment... aller jusqu'à ce point où l'on n'a même plus
de nom! Depuis le début, à travers la fausse prospérité
de Bruxelles et de Paris, il n'avait cessé de s'avancer,
un pas après l'autre, comme un funambule, vers...
vers quoi, au juste? Il était encore trop tôt pour le
dire. Mais les événements eux-mêmes étaient d'accord.
Et la mort de Hilda... Il rebroussa chemin, trouva
Odette, toujours en robe de chambre, qui établissait
un programme. Elle tourna la tête.

— Toi, tu as une question à poser.

— Mais non, protesta-t-il, agacé.

Il lut, de loin, la liste des numéros choisis par Odette.

— Tu y tiens, au truc des panières, grommela-t-il.

— J'y tiens! J'y tiens! fit Odette, de sa voix
d'homme. Faut bien se rabattre sur ce qu'on sait faire,
non?... Et, puisque tu es là, nous allons répéter la
lecture de pensée...

Ils travaillèrent jusqu'au soir, dînèrent dans un

petit restaurant où le bruit était tel qu'ils n'avaient pas besoin de parler. Odette mangea peu, but beaucoup, s'attarda devant un cognac. Ils rentrèrent par des rues désertes où couraient les premières feuilles mortes de l'automne.

— Donne-moi ton bras, dit Odette.

Un peu plus loin, elle s'arrêta comme si elle avait été fatiguée.

— Vladimir va bien nous manquer, mon petit Pierre. Je me demande pourquoi il nous a lâchés de cette façon.

Doutre la repoussa presque brutalement, mais elle s'accrocha à lui et ils reprirent leur route en silence. Ce fut Doutre qui parla le premier.

— Il nous a lâchés, dit-il, parce qu'il était persuadé que les deux filles avaient été tuées. Tu sais cela aussi bien que moi.

— Il aurait pu attendre.

— Attendre quoi? Il en avait assez de la prestidigitation et des cordes magiques.

— Qu'est-ce que tu veux dire?

— Rien de plus.

Ils arrivaient devant l'hôtel.

— Bonsoir, dit Pierre. Je vais encore prendre un peu l'air.

Elle le suivit des yeux jusqu'à ce qu'il eût disparu et elle monta l'escalier, en butant dans les marches.

Le lendemain, elle reçut un mot de Villaury. Pierre, qui s'entraînait aux cartes, s'approcha.

— A-t-il trouvé quelque chose?

— Penses-tu. Il va me faire attendre jusqu'à ce que j'accepte son offre. S'il croit m'avoir comme ça! Continue... J'en ai pour une heure.

Elle revêtit son tailleur noir, se coiffa d'une petite toque, mit ses bijoux, s'examina dans la glace. « Ma pauvre fille, murmura-t-elle, tu as pourtant l'âge de

dételer ! » Doutre, distraitement, escamotait l'as de
trèfle, faisait sauter la coupe, brassait en voltige.
Elle s'arrêta sur le seuil, contempla encore une fois
Pierre, mince, gracieux, léger et taciturne.

— Tu vas voir, dit-elle. Il me croit finie. Tout le
monde me croit finie. Sans blague.

Elle claqua la porte. Doutre haussa les épaules,
continua à jongler avec les cartes. Cet exercice-là, il
l'aimait encore. Peut-être pas pour longtemps. Il
recommença plusieurs fois, en s'appliquant, un coup
difficile, passa aux boules, contrôla son jeu devant la
glace, la rouge, la blanche, la noire. Puis il pensa à
Greta et laissa tomber les boules. Elles roulèrent vers
le lit, se carambolèrent mollement, trouvèrent une
pente qui les ramena sous la fenêtre. Doutre, le menton
sur la poitrine, ne bougeait plus. Il attendait la fin de
son mal, une petite grimace de souffrance au coin de
la bouche. C'était l'affaire de deux, trois minutes.
Maintenant, il avait l'habitude. L'image apparaissait
avec la netteté d'une photographie. Était-ce Greta ?
N'était-ce pas plutôt Hilda ? En tout cas, c'était Elle !
Puis l'image pâlissait; le visage semblait se dérober
derrière une mousseline. Quand il était sur le point de
s'effacer, alors il fallait surtout éviter de respirer.
Quelque chose, dans le ventre de Doutre, se tordait
lentement, s'arrachait. Il ouvrait un peu la bouche,
retenant avec peine un gémissement. Là... c'était
fini... Il ramassa les boules et, la tête vide, recommença : la rouge, la blanche, la noire... de plus en plus
vite; il était difficile de faire mieux. Plaisir amer et
vertigineux d'être un automate !... Doutre s'arrêta
brusquement. Un automate... Il s'observa, dans la
glace, figea son visage, puis, immobilisant ses bras
en un geste niais d'accueil, comme les mannequins,
dans les vitrines des magasins de confection, étirant
ses lèvres en un sourire de carton-pâte, il tourna la

tête, peu à peu, avec de brusques déclics, de menues oscillations, une sorte de tremblement mécanique. Non, c'était très mauvais. On voyait bien qu'il était vivant. Alors, il fouilla l'armoire d'Odette, étala les tubes, les boîtes, les accessoires de maquillage. Avec un fond de teint plâtreux rehaussé de rose, avec du bleu pour creuser les orbites, une touche de gomina sur les cheveux... Il travaillait fébrilement, remodelait cette figure qu'il n'avait jamais acceptée, la transformait, lui donnait une apparence glacée de porcelaine peinte. Le résultat n'était pas encore très bon. Ce n'était qu'un essai mais déjà le petit Doutre disparaissait. Ce qui souriait à sa place, c'était un être de convention, sans passé, sans état civil, sans haine et sans amour... Il ouvrit les bras, releva délicatement ses petits doigts. La prochaine fois, songer à se maquiller les mains. Il déclencha sa tête, pensant fortement qu'il n'était plus qu'un assemblage délicat de rouages, de ressorts, de lames, d'écrous. C'était déjà mieux. Le temps de compter jusqu'à cinq... une petite secousse correspondant à l'échappement d'une roue dentée... puis la rotation reprenait... encore une petite secousse... Il eut l'idée, après chaque ébranlement élastique, de battre des paupières... Le jeu devenait fascinant. Il s'assit, fourbu mais illuminé, s'essuya le visage. Il était temps. Odette revenait. Elle entra et regarda Pierre, un sourcil levé.

— Qu'est-ce qui te prend?
— Rien. Je mettais au point quelque chose. Et toi?
— Il a mis les pouces. J'ai un engagement. Ce n'est pas mirobolant, mais huit jours par-ci, huit jours par-là. Allez! dépêche-toi. Nous partons.
— Où?
— A Montluçon. Encore un cinéma. Le *Rex*.

Ils débutèrent le lendemain soir, et ne furent pas mal accueillis. Reprise par le métier, Odette n'arrivait pas à cacher sa joie. Elle emmena Pierre dans un restaurant chic.

— Je vais encore grossir, mais il faut arroser ça... Souris, mon petit Pierre! Tu as toujours l'air d'être ailleurs. Tu n'es pas content?

— Si.

— Tu crains que?... Bah! on voit bien que je suis ta mère!

Elle chercha sa main. Il la retira. Odette ne se fâcha pas. Elle était trop heureuse.

— Si nous avons du succès ici, expliqua-t-elle, tout de suite notre cote augmentera. Nous sommes tarifés, comme des marchandises. Et quand le cours monte...

Doutre mangeait, les yeux sur son assiette. Il perfectionnait, en imagination, son numéro, songeait qu'il était capable, en conservant le buste et la tête immobiles, d'escamoter des boules, des pièces, de faire apparaître des foulards; ce serait difficile, horriblement difficile. Au lieu de lier les mouvements, il devrait les décomposer en une série de gestes saccadés. Mais justement, ce qui serait beau, ce serait d'exécuter les tours qui exigent la grande souplesse, la plus totale liberté dans le geste. Un prestidigitateur automate, voilà ce qu'on n'avait encore jamais vu.

— Tu n'as pas faim?

— Pardon?

— Je te demande pourquoi tu ne manges pas.

— Mais si. Je mange.

La joie d'Odette s'en allait en morceaux. Elle étudiait soupçonneusement le visage de Pierre.

— A quoi penses-tu?

Il releva la tête et sourit des lèvres, mécaniquement, comme il l'avait fait devant la glace. Ses yeux demeuraient vides, fixaient un point à l'infini. Odette sursauta.

— Ah non! Je t'en prie. Tu es stupide, quand tu ris avec cette tête à claques.

Pierre abaissa les paupières sur son plaisir secret. Allons! encore un effort et il leur échapperait, à tous. Il était l'homme des longues patiences. Dès qu'Odette s'absentait, dès qu'il se retrouvait seul, dans sa chambre, il se plantait devant sa glace, travaillait un battement de cils, entraînait chaque muscle de son visage. Pour les yeux, n'importe quel endroit était bon. L'essentiel était d'éteindre l'expression des prunelles, de faire de celles-ci des éclats de verre, des surfaces brillantes désertées de toute pensée. Mais il avait un modèle. Il lui suffisait de se rappeler les yeux des deux filles, de les regarder, mentalement. Il évoquait l'une ou l'autre, c'était toujours la même, la situait devant lui, dans l'espace, à quelques pas. Aidé par la petite douleur qui lui fouillait le ventre, il trouvait tout de suite la pose. Sa tête s'inclinait très légèrement sur l'épaule droite, son regard paraissait se perdre. Au début, c'était dur de rester immobile comme une chose, pendant plusieurs minutes. Son corps entier protestait. Des picotements, des chatouillements, lui lardaient les mollets, grimpaient le long de son dos. Il lui venait surtout des envies irrésistibles de suivre des yeux un reflet, une poussière. Il devait s'appliquer à mater un peuple de muscles et de nerfs inconnus qui s'affolaient obscurément, se sentaient violentés dans leur intimité de chair libre. Sa volonté, alors, comme une poigne de fer, descendait par des chemins mystérieux vers ses organes en révolte, cassait net le tumulte. Pendant un bref instant, il ne voyait plus, dans la glace, qu'un être vide, creux, qu'il ne reconnaissait plus, qui n'était plus personne...

Après Montluçon, ils allèrent à Tours, puis à Orléans. Ils vivotaient. Odette commençait à maigrir, mais de chagrin.

— Est-ce que je ne fais pas tout ce que je peux? demandait-elle.

Doutre ne répondait pas. Il ne l'écoutait même pas. Ses triomphes, il les gardait pour lui. Il y eut le jour où il sut rester les yeux ouverts, dans un courant d'air, le jour où il put donner à ses avant-bras la raideur moelleuse d'instruments télécommandés, et celui, enfin, où il réussit à passer instantanément de la vie humaine au sommeil enchanté des machines. Comme ce jeu était admirable! Au commandement, il s'évanouissait. Fini, Doutre. Il n'était plus nulle part. Il était invisible et omniprésent, car, du mannequin qui lui servait d'observatoire, il voyait tout, entendait tout. Il sentait qu'il devenait alors un piège à regards, qu'il diffusait une zone de stupeur où les gens, englués, ne songeraient bientôt plus à cacher leurs tics, leurs angoisses. Déjà, Odette...

— Est-ce que tu es malade? dit Odette.

— Malade? Pas du tout.

— Alors, c'est que tu t'ennuies.

— Je n'ai pas le temps de m'ennuyer.

Elle le surveillait, perplexe. Il avait toujours été renfermé, bloqué en lui-même par toutes sortes de pudeurs, mais jamais à ce point. Cependant, il travaillait sans faiblir, avec un soin, une adresse, une virtuosité dignes des plus grands succès. Et le succès, peu à peu, revenait. Ils partirent pour Lyon. *Le Progrès* publia un entrefilet : *Le magicien distrait*, louant Doutre de son détachement apparent, de son air lointain. Doutre, à partir de ce moment-là, cessa de saluer; quand les applaudissements éclataient, il s'appuyait de l'épaule à un portant, faisait sauter son dollar, ne dissimulait même plus son écœurement.

— Tu as trouvé un genre, avoua Odette avec rancune. Mais c'est dangereux!

Elle appelait ça un genre. Elle ne comprenait pas qu'il s'enfonçait dans son rêve, Hilda à sa droite, Greta à sa gauche, comme deux gardiens jaloux. Il alla plus loin : il bâilla en scène, tranquillement, derrière le dos de sa main gauche, tandis que la droite continuait, toute seule, comme libérée de tout contrôle, à multiplier les pièces ou les boules. Le public marchait. Villaury vint se rendre compte. Après la représentation, il les emmena dîner.

— J'avoue qu'il m'épate, votre gamin, dit-il à Odette.

— Quel gamin? demanda Doutre.

— Toi!... Tu m'épates.

— Je ne suis le gamin de personne, fit Doutre, d'un ton uni. Et je vous prie d'être poli.

Stupéfait, l'imprésario se tourna vers Odette.

— Vous l'avez changé? Ce n'est plus le même, ou quoi?

— J'ai l'impression que ce n'est plus le même, soupira Odette.

— Passons! coupa Doutre. Je veux un engagement à Paris. J'ai besoin d'être à Paris pour mettre au point quelque chose qui vous étonnera bien davantage.

Villaury voulut se défendre, alluma un cigare.

— J'ai dit Paris, insista Doutre. Et pas question de cinéma.

— Permettez... protesta Villaury.

— C'est à prendre ou à laisser, dit Doutre sans élever la voix. Vingt mille pour commencer.

Villaury et Odette se regardèrent, un peu gênés. Ce n'étaient pas les propos de Doutre qui les étonnaient au-delà de toute mesure. C'était Doutre lui-même, son regard, son immobilité presque inhumaine, ses yeux qui devenaient semblables, brusquement, à ceux des bêtes empaillées. Le repas fut rapide et Villaury se retira tout de suite, affirmant qu'il étudierait avec soin la situation. Odette et Doutre rentrèrent à l'hôtel.

— Es-tu fou? dit Odette.

— On n'a plus besoin de lui, dit Doutre. Et puis, je serai franc. Je n'ai pas, non plus, besoin de toi.

— Quoi?... Tu me...

— Mais non! Seulement, je suis assez grand pour gagner ta vie et la mienne. Je ne veux plus que tu travailles. Tu aimes l'argent. Je vais t'en gagner.

— L'argent, dit Odette, tristement. Si je te perds...

— Des mots! grommela Doutre.

— Qu'est-ce que c'est, ce numéro dont tu parlais tout à l'heure? Tu pourrais quand même me le montrer.

— Tu y tiens? fit Doutre. Soit! C'est toi qui l'auras voulu.

Il la conduisit dans sa chambre.

— Attends-moi. Il faut que je change de costume. Mais je te préviens. Cela va te faire mal.

Elle comprit, à ce moment, qu'elle l'avait déjà perdu.

XII

Quand la porte se rouvrit, Odette eut un mouvement de recul. Doutre avait revêtu un costume neuf;
sa cravate bouffait d'une manière exagérée; il avait
caché ses cheveux noirs sous une perruque légèrement
cuivrée. Ses yeux, dont le blanc paraissait peint,
étaient brillants et morts. Il avançait avec une lenteur
de robot, les bras à demi tendus, les doigts raidis dans
une pose gracieuse. Ses pieds, après un bref glissement,
se soulevaient tout d'une pièce, comme suspendus au
bout d'une tige de métal; ils oscillaient une seconde
puis, par le jeu d'un piston invisible, retombaient
jusqu'au sol où ils glissaient encore. Le buste tremblait,
et la tête, répercutant la secousse, basculait un peu,
tout de suite ramenée à sa position d'équilibre par
quelque ressort adroitement dissimulé dans le col. Les
paupières battaient lentement. Elles ne recouvraient
pas tout à fait les yeux et l'on devinait un liséré blanc,
une inquiétante fente lumineuse, plus troublante que
l'éclat émaillé des prunelles immobiles. Les lèvres,
couleur de bonbon, dessinaient un sourire sans âme,
atrocement complaisant. Tous les quatre pas, le
mannequin silencieux stoppait, esquissait, avec des
déclics, des soubresauts, des gaucheries de mécanique
encore primitive, une sorte de révérence. Il se pro-

duisait, du côté des épaules, un léger décrochement. Les bras se balançaient autour de leurs charnières un peu trop lâches. Puis le corps, rappelé en arrière, se redressait. Une épaule penchait encore un peu, mais un dernier tour d'engrenage la remettait soudain en place et le glissement recommençait, souligné par le grincement des chaussures. Au bouton fermant le veston, était suspendue une étiquette : *23 000 francs.*

— Arrête! murmura Odette d'une voix rauque. Arrête!... C'est stupide!

Elle se leva et fit le tour du mannequin, à plusieurs pas de distance. Le mannequin s'arrêta. Les paupières battirent, à trois reprises, puis, avec une secousse qui l'immobilisa tout entier, il modifia sa direction et repartit en cahotant vers Odette.

— Assez! cria-t-elle. Ça suffit!... C'est sensationnel, bon, d'accord... Mais cesse ce jeu.

Le robot s'immobilisa; les bras retombèrent, graduellement, comme les aiguilles d'un appareil qui perd sa pression.

— Regarde-moi, supplia Odette. Tu me fais peur.

La vie remonta dans les yeux obscurcis; le masque s'effaçait, restituant un visage humain. Un corps de muscles et de sang gonflait le costume naguère tendu sur quelque armature de bois et de métal. Doutre porta la main à sa poche d'un geste naturel et sortit un paquet de cigarettes.

— Comment as-tu fait? demanda Odette.

Sa voix tremblait encore un peu et elle fut obligée de s'appuyer à la cheminée.

— Une idée qui m'est venue, dit Doutre. J'ai réfléchi. J'ai travaillé... Ce n'est pas encore au point.

Il enleva sa perruque.

— L'étiquette aussi, dit Odette.

Il enleva l'étiquette. Chacun de ses mouvements

conjurait la présence du robot qui disparaissait lentement, comme une surimpression tenace.

— Une idée qui t'est venue, reprit Odette. Et justement celle-là?

— Attends! dit Doutre. Il y a mieux.

Il remit sa perruque, se concentra, et Odette le vit
disparaître, fondre, s'évanouir, se transformer en
machine. Elle eut le sentiment intime, effrayant, d'être
seule dans la chambre, avec un meuble insolite, doué
d'une étrange malice.

— Non, murmura-t-elle, Pierre... reviens!

Mais Pierre n'était plus là. Le mannequin tenait
une boule blanche. Il la fit tourner lentement, entre
ses doigts roses aux ongles d'un carmin vif. Une boule
noire sortit de la boule blanche, avec une lenteur
fascinante. Puis une boule verte sortit de la boule
noire. Les mains, indifférentes, insensibles, incons-
cientes, travaillaient à petites pulsations saccadées. Le
visage blême, aux pommettes trop fardées, souriait
toujours, les yeux perdus au loin, fixant quelque chose
ou quelqu'un au-delà des murs. Une boule rouge était
venue, comme d'elle-même, se placer à côté de la
boule verte. Les doigts s'agitèrent plus rapidement,
les boules disparurent l'une après l'autre, revinrent,
s'en allèrent, reparurent... Les couleurs se succédaient
de plus en plus vite, jusqu'à devenir une bande multi-
colore défilant de gauche à droite, de droite à gauche,
tandis que les poignets tremblaient à toute allure,
comme mus par des moteurs surmenés. Soudain, il n'y
eut plus rien. Les doigts restèrent allongés, les uns en
face des autres, strictement immobiles. Puis ils s'écar-
tèrent et les mains pivotèrent, avec une douceur huilée,
tournant leurs paumes vides vers l'extérieur.

— Et voilà! dit Doutre.

Une brusque fatigue le défit, le dénoua. Il s'abattit
sur une chaise. Un fil de sueur serpentait à sa tempe,

commençait à délayer le fard, au coin de l'œil. Alors Odette s'accouda au marbre de la cheminée, cacha sa tête dans ses bras et éclata en sanglots. Elle pleurait à gros hoquets, qui la tordaient comme des spasmes. Elle piétinait lentement, cherchant en vain à se reprendre. Doutre, la lèvre tirée par un rictus d'ennui, attendait en essuyant ses doigts moites à sa pochette. Enfin, elle écarta ses cheveux, tourna vers lui une figure détruite par le chagrin, la colère et la peur.

— Excuse-moi, fit-elle. Mais c'est pire que si je t'avais perdu.

— Perdu? répéta Doutre sans comprendre.

— Je te défends de recommencer.

— Ce n'est pas bien?

— Oh! si. C'est... justement... c'est incroyable. Comment t'expliquer?...

Elle vint près de lui, du dos de la main lui caressa la joue.

— Si tu présentais cette attraction, dit-elle, ce serait la fortune! Mais tu ne dois pas.

— Pourquoi?

— Parce que je sens bien que tu te fais mal. Tu achèves de te démolir.

— Et si ça me fait plaisir, de me démolir?

— Pierre! Je t'en prie.

Il jeta sa perruque sur le lit, marcha nerveusement jusqu'à la fenêtre, brassant des pièces dans ses poches.

— Moi, je ne compte plus, dit Odette, derrière son dos.

Il serra les mâchoires, d'impuissance.

— Mais c'est pour toi, s'écria-t-il, que je travaille. Pour te gagner de l'argent, ça ne t'intéresse plus, non?

— Est-ce que je t'ai demandé quelque chose? fit Odette. Non, c'est encore à cause de ces deux garces que tu te donnes tout ce mal. Elles te poursuivent, hein? C'est maintenant qu'elles s'accrochent à nous.

169

Doutre se retourna.

— Je t'interdis... commença-t-il.

— Tu ne m'empêcheras pas de parler. Peut-être que si nous avions eu le courage de parler plus tôt, tu n'en serais pas réduit là. Pierre, tu n'as pas le droit de nous punir tous les deux.

— Mais je ne punis personne, fit Doutre avec accablement.

— Alors pourquoi as-tu inventé ce numéro? Sois franc... Pour être seul! Pour te venger de toi, de moi... Dis que ce n'est pas vrai? Mon pauvre Pierre, que crains-tu de moi?

Doutre s'était adossé à la cheminée. Parce qu'il pensait à Greta, son regard était devenu fixe. Odette marcha sur lui, le saisit aux revers de son veston.

— Pierre! Écoute-moi... Reste avec moi...

Il regardait par-dessus l'épaule de sa mère. Quand il s'appliquait ainsi à se replier sur lui-même, rien ne pouvait plus le distraire. Odette avait beau s'appuyer sur sa poitrine, c'est à peine s'il entendait les mots qu'elle prononçait. Qu'est-ce qu'elle racontait donc?... qu'elle avait toujours agi pour qu'il fût heureux... qu'elle regrettait d'avoir été dure pour Hilda et Greta?... Il y avait, dans un monde, une voix gémissante de femme et, dans un autre, il y avait cette douleur sourde, qui ne finirait jamais, qui était tout ce qui restait de l'amour.

Il repoussa doucement Odette, ramassa sa perruque et passa dans sa chambre où il s'enferma. Il savait, du moins, qu'il était devenu, à travers mille épreuves, un artiste, un vrai, plus grand qu'Alberto, et qu'il grandirait encore. Il s'assit devant son armoire et se mit à étudier l'escamotage au ralenti du dollar.

Le soir où expirait son engagement, juste avant d'entrer en scène, il prévint Odette.

— Je vais essayer. Laisse les accessoires en coulisse.

Odette voulut protester.

— Je sais, dit-il. C'est loin d'être parfait. Mais il faut que je sache jusqu'où je peux aller.

Le rideau se leva. Le mannequin parut. Aussitôt des rires éclatèrent. C'était tellement drôle, au début, cette silhouette échappée d'une vitrine et qui se déplaçait avec un déhanchement, des détentes, des hésitations de jouet mal remonté! Et puis le silence revint, de plus en plus étale, de plus en plus lourd d'une anxiété inexplicable, et l'on entendit grincer les souliers, retomber les pieds sur le plancher creux. Chaque pas éveillait un écho. C'était le pas que chaque spectateur, au moins une fois, avait écouté en rêve; le pas d'un poursuivant qui a le temps, l'éternité pour rattraper sa proie. Il venait du fond des âges et des nuits, tranquille, obstiné; l'homme entrait dans le cercle des projecteurs et Odette, au bord des coulisses, sentait ses genoux trembler. Il oscilla, à l'avant-scène, tourna son visage blême et rose vers la droite, vers la gauche. Toutes les têtes tournèrent en même temps. « Il a gagné! » pensa Odette. Alors les mains de cire se rapprochèrent à petits bonds et les boules commencèrent leur hallucinant va-et-vient. Quand elles disparurent, personne n'osa applaudir. On ne savait plus ce que l'on devait faire. Doutre, avec une connaissance prodigieuse du public, laissa tomber de son costume la boule blanche, comme si quelque ressort avait, soudain, échappé au contrôle du cerveau mécanique. La boule roula sur le plancher, puis sur la première marche de l'escalier conduisant à la salle, sur la seconde; elle dévala l'escalier, de plus en plus vite, fila dans l'allée et il y avait des gens qui serraient leurs jambes et la regardaient courir près d'eux avec un sourire crispé. Doutre, à son tour, descendit l'escalier, lentement, si lentement... Il se rappelait la fille blonde, attachée sur la chaise, et le baiser... Ses yeux sans expression regardaient vers le passé. Chaque mouvement était douloureux et pourtant marquait une victoire. Il s'avança vers une femme du premier rang; sa main s'abaissa mécaniquement vers le sac à main, se releva, tenant un jeu de cartes en éventail. Les yeux battirent trois fois. La main se dressa. Les cartes s'évanouirent, surgirent encore, mais dans l'autre main. Et toujours la tête oscillait, souriante, grotesque, d'une inconscience qui faisait frémir. Les doigts se refermèrent gauchement sur le paquet pour le battre. Il y eut comme une brève explosion de rois, de dix, de figures multicolores retombant en pluie. Le robot poursuivait sa marche heurtée, les piétinait; un autre jeu venait d'apparaître entre ses mains qui brassaient les cartes vertigineusement, les projetaient en jet dru de la paume gauche à la paume droite, les étiraient en une sorte d'accordéon vibrant, les effaçaient d'une saccade. Et ce fut le tour du dollar et le silence fut tel que l'automate semblait jouer devant des automates. Seule, la pièce vivait. Elle sautait, tournoyait, roulait sur les manches du veston, s'en allait mystérieusement dans une poche, dans l'autre, et pourtant elle était toujours là, brillante au bout des doigts de carton qui la rattrapaient au bord de la chute, d'un geste cassé. Le robot regardait ailleurs, ignorant ses mains, son corps, le dollar prisonnier. « Liberty, pensait Doutre, Liberty. » Un dernier mouvement envoya la pièce très haut. Elle allait tomber, se perdre. A la verticale, elle revint dans la main tendue, où elle claqua, bien à plat. Aussitôt, la main s'offrit au public, large ouverte, vide, avec ses lignes croisées, de cœur, de vie, de chance.

Doutre attendit cinq secondes, dix secondes, quinze secondes. Il voyait autour de lui les visages figés dans une extase angoissée. Alors il salua, gentiment, négligemment, et sortit sous les bravos qui s'enflaient en vagues, battaient la scène, refluaient en tumulte d'enthousiasme. Bis! Bis! Les pieds battirent en cadence.

— Tu as été prodigieux, mon petit Pierre, dit Odette. Retourne saluer.

Il haussa les épaules et entra dans la loge, pour se sécher. Il était trempé de sueur, épuisé, la tête vide; il titubait, faillit s'étaler près de la chaise sur laquelle il cherchait à s'asseoir. Les applaudissements, assourdis, emplissaient encore les coulisses. Le directeur survint, effaré, mains tendues.

— Magnifique! cria-t-il. Extraordinaire. Je vous garde.

— Nous partons à la fin de la semaine, dit Doutre.

Et comme le directeur protestait, il se tourna vers Odette.

— Fais-le sortir, murmura-t-il. Qu'on me fiche la paix. Oui, toi aussi!

Il s'abattit sur la chaise et regarda longtemps ses doigts que des tics agitaient. Il n'avait jamais été si triste et si heureux.

Odette évita toute discussion. Doutre, désormais, eut carte blanche pour tout. Ce fut lui qui décida de vendre le matériel à Villaury. Ce fut lui qui signa le contrat pour Paris : trois semaines dans un cabaret des Champs-Élysées. Il choisit l'hôtel, les chambres; derrière lui, Odette réglait les petits détails matériels. Pendant que Doutre s'entraînait, tout seul, elle allait boire, dans les cafés avoisinant l'hôtel. Parfois, elle pleurait, pour rien, parce qu'elle venait de s'apercevoir dans une glace, ou bien parce que l'horloge marquait deux heures et qu'il restait neuf heures à tuer, avant le spectacle. Et, peu à peu, elle se mit à attendre la représentation avec une avidité proche du malaise. Elle qui avait été si impatiente, si prompte à lancer un mot dur, elle portait la valise de Pierre, rangeait la loge, préparait le verre d'eau sucrée où il faisait fondre un cachet, car il souffrait, maintenant, d'une migraine qui ne cessait plus.

— Mon pantalon!

Il s'habillait devant elle, sans la moindre pudeur, et elle tournait la tête, résignée, puis elle lui tendait ses crayons, ses pinceaux, ses boîtes de poudre. Le visage aimé devenait, sous ses yeux, une tôle peinte. Longtemps, le regard survivait, et c'était peut-être le plus étrange. Une flamme aiguë d'attention et de souci animait les prunelles fixées sur le miroir. Puis Doutre procédait à un réglage de la vue, comme un électricien qui met au point un projecteur. Le regard se vitrifiait. Odette, éperdue, restait immobile, deux pas en arrière, murmurant quelquefois :

— Mon petit! Mon pauvre petit!

Doutre se levait, travaillait encore deux ou trois minutes, avec les cartes ou le dollar, et c'était le moment d'exécuter son numéro. Odette s'arrêtait sur le seuil de la loge. De là, elle entendait tout. C'était son fils, la machine qu'on applaudissait. Si elle ne l'avait pas poussé à bout, peut-être que... elle serrait les poings, très fort, pour mieux penser, mieux comprendre. D'elle était venu tout le mal. Elle aurait dû sentir à quel point Pierre était vulnérable. Mais il n'était pas encore trop tard. Elle allait parler.

Parler? Est-ce qu'on parle, avec un automate? Pierre revenait fourbu, crispé. Il consentait à se laisser démaquiller; il s'abandonnait aux mains d'Odette, les yeux clos, mais il y avait, entre eux, une telle épaisseur de silence que toute parole aurait semblé dérisoire. Odette préférait attendre, guettait les moments où Pierre réapparaissait, aux fentes de son visage, comme une bête à l'orée de son terrier. Odette souriait, timidement :

— Comment te sens-tu ?

— Ça va, merci.

— Tu te surmènes, mon petit Pierre.

— Mais non.

Tout de suite, le mouvement de recul, les paupières tombant devant les yeux comme un rideau, et trois doigts pianotant, au bord de la table. Autrefois, Odette aurait eu la force de se mettre en colère, de faire sauter ce masque. Maintenant elle n'osait plus. Pierre ne lui laissait pas le temps de trouver un nouveau mouvement d'approche. Les repas étaient expédiés en quelques minutes. Les déplacements se faisaient en taxi. En vain aurait-elle cherché à le retenir. Il montait dans sa chambre, tournait la clef. Dans la chambre voisine, elle écoutait, retenant sa respiration. Lorsqu'il marchait, de ce pas lourd qu'elle n'entendait plus sans frayeur, elle marchait à son tour, de l'autre côté du mur, parce qu'elle avait l'impression de l'aider, de porter le même fardeau que lui. Et puis, vaincue, elle descendait l'attendre, achetait les journaux où l'on commençait à parler de lui et, avec son canif, découpait les courts articles, les comptes rendus encore réticents, mais qui ne tarderaient pas à devenir enthousiastes. Doutre perfectionnait son numéro de jour en jour, mettait au point une manière de manipuler avec raideur qui était un défi à toutes les règles du métier. Il alla plus loin : il trouva la voix qui correspondait à son personnage, une voix rapide, hachée, de rêveur qui se débat dans l'inconscience. Et quand il l'essaya devant Odette, celle-ci devint blême.

— Te rends-tu compte, dit-elle, que tu es en train de te suicider ?

Il esquissa un geste léger, de la main.

— Tu ne tiens pas debout, insista-t-elle. Tu ne manges plus. Tu maigris. Tu vas tomber malade. Et tout ça pour... pour...

Déjà les traits de Pierre se figeaient; son regard dépassait Odette, allait chercher derrière elle une vision flottante. Elle lui saisit le bras.

— Écoute, mon petit Pierre... J'ai beaucoup réfléchi. J'ai tout le temps, maintenant.

Elle toussa pour masquer son émotion, ajouta d'une voix qui s'entendait à peine :

— Si tu veux, je peux m'en aller... Tu seras libre.

Doutre n'était plus qu'un bloc d'immobilité et de silence. On pouvait même se demander s'il respirait. Odette insista, pourtant.

— C'est ça que tu veux?... Réponds!... Ta liberté?... Hein? Je te fais peur. Je sais. Je suis là. Je te regarde. Mais je ne peux pas m'empêcher de te regarder. Mon petit Pierre... Tu crois que je ne t'aime pas, moi!

Les mots rebondissaient comme des balles sur le masque rigide. Les lèvres trop rouges découvraient les dents éclatantes, en un sourire sans âme, énigmatique comme celui d'une statue. Odette pleurait, comme si elle avait été seule.

— C'est bon, dit-elle. J'aime mieux en finir tout de suite.

Elle traversa la chambre, espérant quelque chose, un geste, un tressaillement, un clin d'œil. Doutre, debout le long du mur, factice, immobile, désert, fixait l'espace avec des yeux de poupée. Odette sortit, étouffée par une douleur sans nom. Elle n'avait plus qu'une chance : qu'il tombe malade. Mais il résistait à l'effrayante fatigue. On le sentait vibrant, tendu, dès qu'il ne jouait plus son rôle. La peau de son visage, à force d'être enduite de fard, gardait un éclat malsain et ses pommettes restaient roses comme celles d'un tuberculeux. Quand il buvait, son verre tremblait légèrement. Alors il défiait Odette, d'un coup d'œil. Après le cabaret, il passa dans un music-hall de la rive gauche et, d'un coup, le succès lui revint, tumultueux, passionné, un succès qui, en quelques jours, effaça celui de l'ancien numéro. Odette s'asseyait au fond de la salle, intimidée, comme il s'asseyait lui-même, jadis, au Kursaal de Hambourg. Un projecteur fouillait la scène, allait cueillir au fond des coulisses le personnage insolite et le tirait en avant, sur une sorte de disque de lumière, jusqu'au milieu de la scène. Odette mordait son mouchoir. Si Pierre avait été un inconnu, elle aussi aurait hurlé, avec les autres. Mais elle savait le prix de chacun des mouvements du robot. Elle savait que Pierre mourait d'amour et de rancune et que rien ne le délivrerait plus. Et dans la silhouette grotesque et terrible qui, là-bas, nimbée de bleu par le projecteur, défiait les lois de la vraisemblance, elle reconnaissait l'ombre menue, mélancolique et blessée du professeur Alberto. Le père et le fils étaient d'une race qui ne pardonne pas. Le public, délivré de l'intolérable contrainte, acclamait l'homme qui s'éloignait, le dos voûté. Des cris fusaient : « Incroyable!... Prodigieux!... » On applaudissait interminablement, fanatiquement; il y avait, dans les regards, un reste de rêve et d'effroi. Odette se glissait dehors, sentant bien qu'elle tomberait malade avant lui.

Et ce fut *Médrano*, la consécration, le sommet du tour de force. A lui seul, Doutre emplissait, de sa présence maléfique, la piste ronde. L'orchestre jouait, en sourdine, une musique très lente. Plus de rampe, de herse, de rideau, de clinquant. Doutre se battait au corps à corps, avec une salle palpitante qui surveillait ses mains, ses bras, l'entourait d'un cercle de visages penchés en avant et lentement stupéfaits. Il tournait doucement sur lui-même, comme entraîné par un socle invisible. Les boules, les cartes, les fleurs surgissaient au bout de ses doigts, et sa tête, avec un déclic moelleux, se déplaçait vers chaque travée, offrait à tous le même sourire inhumain, la même tragique absence. Il stoppa peu à peu, s'arrêta au milieu d'un geste, comme une mécanique à bout de course. Un garçon de piste s'approcha, fit semblant de remonter un ressort. Aussitôt, les mouvements devinrent plus saccadés; on crut voir, sous l'étoffe du veston, aller et venir des tiges, des bielles; les poignets s'affolaient; la machine s'emballait; la tête tressautait; les jambes vibraient; les boules, à la fin, giclèrent hors des doigts surmenés et roulèrent sur l'épais tapis. Le garçon cherchait un bouton de réglage, dans le dos de Doutre. Il feignit d'appuyer sur une commande, et alors le spectacle devint extraordinaire. Le mannequin, presque débrayé, opérait maintenant à l'extrême ralenti. Les cartes disparaissaient le long des mains, coulaient comme une pâte. Le dollar filait visqueusement sur l'avant-bras replié, oscillait comme un cerceau qui n'a plus d'élan, esquissait une embardée mourante. Il tombait. Non... Redressé par miracle, il titubait vers une main qui n'arriverait jamais à temps pour le recueillir. Pendant une seconde mortelle, l'orchestre arrêté, les souffles suspendus, la pièce semblait lutter contre la pesanteur et la main contre quelque insuffisance de sa propre matière; enfin, la pièce s'abattait, tandis qu'une dernière pulsation amenait la main tendue en bonne place. Et la pièce semblait s'évaporer sur la paume offerte. Et c'était si hallucinant que le public contemplait longtemps l'homme immobile, bras tendu, portant à sa boutonnière l'absurde étiquette : *23 000 francs.* L'orchestre éclata, en un tonnerre de cuivres et de caisse. Doutre fondit sans hâte, se dégagea de sa gangue de raideur et disparut sous la haute galerie ouvrant sur les coulisses. Les clowns, les équilibristes, les écuyers, les trapézistes, faisaient la haie, dévisageaient ce fragile garçon dont le nom, demain, écraserait tous les autres.

Mais le soir même, Doutre s'alita. Un docteur vint dans la chambre d'hôtel, ausculta longtemps le malade, parut perplexe.

— C'est sérieux? chuchota Odette.

— Du surmenage, dit le docteur. Un très gros surmenage. S'il ne prend pas un long repos... c'est la maison de santé, et alors...

Odette organisa aussitôt la vie de son fils. Celui-ci, prostré, ne résistait plus. Il somnolait, vaincu par une fatigue sans nom. Odette le débarbouillait, le peignait, le rasait, l'obligeait à absorber quelque nourriture. Elle s'occupait du ménage, écartait les importuns, faisait le vide autour de Pierre. Elle se négligeait, mangeait debout, restait de longues minutes, au pied du lit, regardant dormir cet enfant qui n'était peut-être pas encore tout à fait condamné. Et, peu à peu, il supportait cette présence qui glissait sans bruit. Il se laissait approcher sans sursauter, à condition qu'Odette ne prononçât pas un mot. Mais elle ne pouvait empêcher ses lèvres de remuer, de dire en silence des choses qui la bouleversaient de tendresse, et quelquefois des larmes demeuraient suspendues à ses cils, tandis qu'elle veillait sur son sommeil. Pendant les heures interminables de la nuit, elle cherchait le moyen de le délivrer. A la fin, épuisée à son tour, elle se jetait sur son lit et s'endormait, en répétant tout bas :

— Mon petit Pierre... Mon tout petit.

XIII

Il y avait, le soir, un moment où Doutre était sans défense. A la tombée du jour, quand la fièvre commençait à courir dans ses veines, il se laissait toucher les mains, le front, sans fermer les yeux. Dans son pyjama, ouvert sur un cou maigre, il redevenait un enfant. Odette devait faire un effort pour ne pas le prendre dans ses bras, le bercer contre elle, mais elle savait que c'était le plus sûr moyen de le perdre. Elle attendait son heure, guettait l'instant où il faudrait le délivrer de ses hantises, et d'avance préparait ses phrases. Elle avait, pour ces secrets de vie et de mort, un instinct de matrone. Après le dîner, quand elle avait emporté le plateau, battu l'oreiller et bordé le lit, ils causaient un peu, dans le rond de clarté de la veilleuse.

— Tu te sens bien?

— Oui. Je crois que ça va revenir.

— Tu n'as besoin de rien?

— Non merci.

Elle qui n'avait pas touché une aiguille depuis trente ans, elle s'était remise à tricoter, pour prolonger le tête-à-tête. Pierre rêvait. Parfois, ses mains, ses jambes étaient traversées d'une secousse brutale. Il gémissait. Elle lui caressait le front, lui passait lentement les doigts sur les paupières, comme si elle avait fermé les yeux d'un mort, se penchait tout près, encore plus près :

— Dors, mon petit Pierre.

Le visage de Doutre se desserrait. Les ombres jouaient autrement, au creux de ses orbites et de ses joues. Odette sentait qu'il acceptait le contact. Il ne tarderait plus à se rendre. Elle redoubla de soins, de douceur, d'attentions. Il s'abandonnait, dans la moiteur de cette tendresse un peu étouffante. Mais c'était si bon de ne plus lutter. Aussi, quand elle murmura tout bas, à toucher son oreille :

— Mon petit Pierre, je sais que tu as tué Hilda.

Il eut un profond, un terrible soupir de joie, et son corps s'alourdit, se défit dans la chaleur du lit.

Le long voyage s'achevait. Odette n'alla pas plus loin, ce soir-là. Elle veilla longtemps près de Pierre endormi. Le lendemain, ils osèrent se regarder, comme deux amants après l'amour, et comprirent qu'ils étaient toujours d'accord. Ils attendirent l'heure déclinante du crépuscule comme s'il se fût agi d'un rendez-vous, et leur impatience était telle que leur voix se cassait, que leurs gestes devenaient rudes. Odette s'empara de son tricot :

— Tu l'as tuée, reprit-elle, parce que tu ne pouvais plus vivre, entre les deux. Tu ne savais plus laquelle tu aimais, n'est-ce pas?... Oui, j'ai bien compris...

Pierre, les yeux clos, écoutait avec l'avidité d'un enfant qui entend un conte.

— Après?... chuchota-t-il.

— Je ne suis pas très intelligente, mais j'ai bien vu, dès le début, que tu m'en voulais, à cause de ton enfance ratée, et de ce métier que je t'imposais. Ces roulottes, Ludwig... moi!

Les aiguilles menaient leur jeu compliqué et apaisant. Odette parlait lentement, avec des pauses, sans passion.

— J'ai tellement aimé la vie!... Pendant longtemps, je t'ai oublié, mon pauvre petit. Je ne savais pas que tu étais si sensible. Pardon.

La vieille voix monotone tremblait un peu. Elle venait de la gauche, si proche que Pierre devinait les mouvements de la bouche, les hésitations de la pensée, les battements du cœur. Il était pris dans les sons, dans les plis de cette voix un peu rauque. Il fondait de douceur et de mélancolie, comme une bête charmée.

— J'aurais dû me douter que tu allais me fuir avec la première fille rencontrée. Il a fallu que nous tombions sur les jumelles...

Les aiguilles s'arrêtaient, quand Odette cherchait les mots les plus difficiles. Le bruit d'une radio parvenait de très loin, à travers des épaisseurs de silence. Entre la rue et Pierre, il y avait tant de chambres, de couloirs, d'escaliers, que rien ne pouvait plus lui arriver. Il était en sécurité, auprès de cette voix qui savait tant de choses.

— Et puis, j'étais jalouse, continua-t-elle. Tu permets que je te dise cela. Je les connaissais, moi, ces deux gamines. Pour toi, elles étaient la merveille du monde. Mais pour moi !... Tout est de ma faute. Si j'avais été moins bête, peut-être que j'aurais pu t'empêcher de...

Ensemble, ils revirent les voitures arrêtées sous les pins, Hilda s'éloignant dans le clair de lune, entrant dans la roulotte.

— Tu étais d'accord avec elle, dit Odette. Vous étiez forcément d'accord. Mais j'avoue que je ne l'ai pas compris tout de suite. Tu veux que je t'explique ce que j'ai démêlé peu à peu ?

D'un battement de cils, Pierre montra qu'il consentait.

— Quand Vladimir m'a dit qu'elle n'avait pas pu s'étrangler toute seule, j'ai réfléchi... J'ai trente ans de métier, tu comprends... J'en ai décortiqué des tours !... Puisque Hilda n'avait pas pu s'étrangler toute seule, c'est qu'elle n'était pas morte quand je l'ai vue, étendue par terre, la première fois, avant d'aller chercher Vladimir... C'est pendant mon absence que tu as serré la corde. Il n'y a pas d'autre moyen.

Elle posa son ouvrage sur ses genoux, hocha la

tête. Elle admirait l'adresse de son fils et ne put s'empêcher de remarquer.

— C'était très fort !... Mais pourquoi Hilda avait-elle accepté d'être ta complice ?... Parce qu'elle ignorait qu'elle serait ta victime, n'est-ce pas ?... Non, ne bouge pas... Puisque je te dis que j'ai tout compris... Elle était jalouse de sa sœur ; elle avait fini par la détester... Alors, tu lui as fait croire que tu voulais tuer Greta et tu lui as demandé de t'aider... Tu lui as dit que tu irais étrangler Greta et que tu mettrais le corps de Greta à sa place... Elles se ressemblaient tellement... La cicatrice était presque effacée...

Doutre regardait le plafond où se dessinaient parfois des ombres bizarres. Il battit des cils. Oui, Hilda avait tout admis, tout accepté. Le plan lui avait paru admirable. Ils avaient, tous les deux, attendu l'occasion, avec une impatience affreuse. Et maintenant, il aurait donné sa vie pour oublier... pour ne plus jamais revoir Hilda, si naïve, si confiante !... Elle s'était étendue, la malheureuse, avec la corde au cou et, à peine Odette partie à la recherche de Vladimir, il n'avait eu qu'à serrer, serrer jusqu'à la nausée... Hilda était entrée d'elle-même dans le piège... Jusqu'à la dernière seconde, il avait eu le choix.

— Hilda, demanda Odette, qu'est-ce qu'elle t'avait fait ?

Il haussa les épaules. Fallait-il encore expliquer cela ? Cette manie d'expliquer, d'amener au jour les raisons, la sale vermine grouillant au fond de la conscience ! Hilda, c'était elle qui l'avait surpris, dans la caravane, le jour où il était étendu près de Greta, terrassé par l'amour. Elle avait fini par le lui avouer, au cours d'une scène terrible. Hilda était devenue l'ennemie. Et puisqu'il y en avait une de trop...

Doutre se retourna lentement sur le côté pour qu'Odette ne le vît pas pleurer. Ce qu'elle avait deviné, c'était si peu de chose. Mais les vrais motifs! Qui les comprendrait jamais? A qui pourrait-il dire qu'il avait imaginé ce crime impossible pour garder l'illusion d'en être innocent. A quel juge? Il avait si peu tué. Une corde qu'on serre! Une corde déjà serrée, en fait! Un corps qu'on étouffe, mais qui était déjà allongé sur le sol, dans l'attitude même de la mort! Et ce qui disparaissait ainsi, sans bruit, ce n'était même pas quelqu'un. C'était le double d'une vivante, une ombre qui s'effaçait, un fantôme qu'on avait fait rentrer dans sa nuit. Odette avait senti cela, du premier coup. D'emblée, elle avait songé à l'enterrement, au fond de la forêt. Si elle n'y avait pas songé, il aurait pris, lui-même, les devants. Hilda, depuis Hambourg, n'avait jamais existé. Alors, pourquoi était-elle toujours devant ses yeux?

Un sanglot lui secoua les épaules. Odette lui prit la main, se pencha pour l'embrasser.

— Là, dit-elle, c'est fini, mon petit Pierre. Dors. Je sais bien, moi, que tu n'es pas coupable.

Elle resta éveillée, toute la nuit. Le lendemain, au petit jour, quand il ouvrit les yeux, elle était là, et, pour la première fois depuis bien longtemps, elle sourit.

— Tu vois, murmura-t-elle. Ça va mieux. Les paroles, ça guérit. C'est comme un poison qui s'en va.

Il sourit à son tour, gauchement, honteusement, comme un enfant battu.

— Écoute, dit-il, il faut me croire... Greta, je ne lui ai rien fait. Jamais je n'aurais été capable... C'est elle qui s'est tuée. Elle était trop malheureuse... Elle avait trop peur... Je l'ai trouvée pendue...

Elle lui entourait les épaules de son bras.

— Dis tout, Pierre... Dis bien tout.

— C'est la vérité, reprit-il. D'ailleurs, tu sais bien qu'elle était morte depuis des heures. C'est durant le voyage qu'elle s'est... Quand je l'ai vue, accrochée au piton, l'escabeau renversé sous ses pieds, j'ai pensé que si je l'allongeais sur le sol, si je suggérais qu'elle était morte comme Hilda, aucun de vous ne pourrait jamais plus me soupçonner d'avoir tué Hilda.

— C'était donc bien un suicide, fit Odette.

— Oui... Je ne sais pas comment j'ai eu la force de dénouer le nœud coulant, de monter décrocher la corde... avant de m'évanouir. Ce qui me soutenait, c'était la peur que j'avais de toi et de Vladi. Je craignais que vous ne découvriez la vérité, pour Hilda. Et cela me rongeait. En maquillant le suicide de Greta, je m'innocentais à vos yeux... et pour moi... j'espérais... je ne sais pas... que je retrouverais la paix.

— Mais je ne t'ai jamais fait de reproches.

— Toi, non. Seulement, Vladimir, lui, nous a quittés.

— Et c'est pour ça que tu t'es condamné à jouer ce rôle d'automate?

— Peut-être un peu pour ça. Et puis aussi pour les rejoindre.

— Qui?

— Elles... Hilda... Greta...

Odette ne comprenait plus. Il voyait si bien, lui, ce que signifiait la solitude qu'il n'avait pu atteindre. N'être plus rien, qu'une enveloppe, une machine, sans conscience, sans souvenirs, sans remords... N'être plus personne!... S'il avait eu cinquante ans, comme son père... Mais il n'avait pas encore eu le temps de faire le tour du désespoir. Peut-être même n'en avait-il plus le désir!

— Au fond, remarqua Odette, ce sont les circonstances qui t'ont toujours poussé... Tu t'es enfoncé de plus en plus parce que tu te méfiais de moi.

— Oh! pas de toi.

— De qui, alors?

— De tout!... De la vie!...

— Mais maintenant, on va repartir, mon petit Pierre. Songe à l'avenir que tu as devant toi!...

Ce fut un peu avant midi qu'on frappa à la porte. Odette était sortie. On frappa de nouveau et la porte s'ouvrit. Ils étaient deux, en gabardine, le feutre sur l'œil et les mains dans les poches.

— Pierre Doutre?

— C'est moi.

Ils s'approchèrent lentement, chacun d'un côté du lit. Ils étaient tels que Doutre les avait imaginés, dans ses rêves. Ils n'avaient pas l'air méchants. Ils étaient solides, compacts. L'un des deux, le plus grand, avait une curieuse cicatrice qui courait sur sa joue gauche, comme une fêlure. Ils sentaient le mouillé, la rue, le réel. Doutre se renversa doucement sur son oreiller et sourit.

— Je vous attendais, murmura-t-il... Je vous attendais depuis si longtemps!...

Sa gorge était serrée mais il n'avait plus peur. Il avait tellement envie, maintenant, de revenir parmi les hommes!

DES MÊMES AUTEURS

Aux Éditions Gallimard

Dans la collection Folio Junior

SANS-ATOUT CONTRE L'HOMME À LA DAGUE, *illustrations de Daniel Ceppi, n° 180.*

SANS-ATOUT ET LE CHEVAL FANTÔME, *illustrations de Daniel Ceppi, Paul Hagarth et Gilles Scheid, n° 476 (édition spéciale).*

LES PISTOLETS DE SANS-ATOUT, *illustrations de Daniel Ceppi, n° 523.*

L'INVISIBLE AGRESSEUR, *n° 703.*

LA VENGEANCE DE LA MOUCHE, *n° 704.*

Aux Éditions Denoël

CELLE QUI N'ÉTAIT PLUS, *dont H. G. Clouzot a tiré son film* Les Diaboliques. (Folio n° 326).

LES LOUVES, *porté à l'écran par Luis Saslavsky et remake par la* S.F.P. (Folio n° 385).

D'ENTRE LES MORTS, *dont A. Hictchcock a tiré son film* Sueurs froides (Folio n° 366).

LE MAUVAIS ŒIL (Folio n° 781).

LES VISAGES DE L'OMBRE, *porté à l'écran par David Easy* (Folio n° 1653).

À CŒUR PERDU, *dont Étienne Périer a tiré son film* Meurtre en 45 tours (Folio n° 197).

LES MAGICIENNES, *porté à l'écran par Serge Friedman.* (Folio n° 178).

L'INGÉNIEUR AIMAIT TROP LES CHIFFRES (Folio n° 1723).

MALÉFICES, *porté à l'écran par Henri Decoin* (Folio n° 1662).

MALDONNE, *porté à l'écran par Sergio Gobbi*.

LES VICTIMES.

LE TRAIN BLEU S'ARRÊTE TREIZE FOIS *(nouvelles)*.

... ET MON TOUT EST UN HOMME *(prix de l'Humour noir 1965)* (Folio n° 247).

LA MORT A DIT PEUT-ÊTRE.

LA PORTE DU LARGE *(téléfilm)*.

DELIRIUM.

LES VEUFS.

LA VIE EN MIETTES.

MANIGANCES *(nouvelles)* (Folio n° 1743).

OPÉRATION PRIMEVÈRE *(téléfilm)*.

FRÈRE JUDAS.

LA TENAILLE.

LA LÈPRE.

L'ÂGE BÊTE *(téléfilm)*.

CARTE VERMEIL *(téléfilm)* (Folio n° 1212).

LES INTOUCHABLES (Folio n° 1595).

TERMINUS (Folio n° 1386).

BOX-OFFICE.

MAMIE.

LES EAUX DORMANTES.

LE CONTRAT.

LE BONSAÏ (Folio n° 2336).

LE SOLEIL DANS LA MAIN.

SCHUSS (Folio n° 3002).

CHAMP CLOS (Folio n° 3049).

À la librairie des Champs-Élysées

LE SECRET D'EUNERVILLE.
LA POUDRIÈRE.
LE SECOND VISAGE D'ARSÈNE LUPIN.
LA JUSTICE D'ARSÈNE LUPIN.
LE SERMENT D'ARSÈNE LUPIN.

Aux Presses Universitaires de France

LE ROMAN POLICIER *(Coll. Que sais-je?)*.

Aux Éditions Payot

LE ROMAN POLICIER *(épuisé)*.

Aux Éditions Hatier-G.-T. Rageot

SANS-ATOUT ET LE CHEVAL FANTÔME.
SANS-ATOUT CONTRE L'HOMME À LA DAGUE.
LES PISTOLETS DE SANS-ATOUT *(romans policiers pour la jeunesse)*.
DANS LA GUEULE DU LOUP.
L'INVISIBLE AGRESSEUR.

Composition Floch.
Impression Société Nouvelle Firmin-Didot.
le 24 mars 1998.
Dépôt légal : mars 1998.
1ᵉʳ dépôt légal dans la collection : juillet 1972.
Numéro d'imprimeur : 42326.

ISBN 2-07-0361780/Imprimé en France.
Précédemment publié aux Éditions Denoël.
ISBN 2-207-22853-3.